Círculo Rojo

CUARENTA Y UN RELATOS ENLAZADOS

CUARENTA Y UN RELATOS ENLAZADOS

Miguel Ángel Pérez González

Círculo Rojo
EDITORIAL

Primera edición: enero 2024

Depósito legal: AL 3598-2023

ISBN: 978-84-1199-953-3
Impresión y encuadernación: Editorial Círculo Rojo

© Del texto: Miguel Ángel Pérez González
© Maquetación y diseño: Equipo de Editorial Círculo Rojo
© Portada: Paloma Hernández Marquínez

Editorial Círculo Rojo
www.editorialcirculorojo.com
info@editorialcirculorojo.com

Impreso en España - Printed in Spain

El papel utilizado para imprimir este libro es 100% libre de cloro y, por tanto, **ecológico**.

A Paloma que me enseñó los colores de la felicidad.

«La vida ya nunca será como te la has imaginado: te regalan un hueco vacío de tiempo que tendrás que llenar y aunque no te lo creas: ya no serás nadie», me dijo mirándome a los ojos. Me pareció apocalíptico, pero él tenía experiencia.

En los discursos de despedida, los jefes de departamento levantando la copa de vino brindaron por mi futuro. Me aconsejaron que disfrutara del merecido descanso como premio a tantos años de trabajo y preocupaciones.

Los apuros de los últimos días intentando dejar todo controlado en la oficina para el que viniera a sentarse en mi mesa, me impidieron reflexionar sobre cuál de los dos futuros se iniciaría en el instante siguiente a dejar de trabajar.

Por fin una mañana (fría de invierno porque era febrero) no sonó el despertador; el maldito despertador de todos los días. La primera impresión de aquella mañana fue la constatación de que había perdido la prioridad para entrar al baño a las siete menos cuarto. A cambio, a las ocho y diez me quedé solo en casa ¡Toda para mí!, porque los demás habían salido para el trabajo o a clase.

«Tomate con calma lo de hacer los pápeles y acostúmbrate a no tener prisa», me había aconsejado aquel amigo, pero mi cuerpo necesitaba seguir al mismo ritmo del trabajo. Después de hacer las menudencias de casa salí disparado hacia el banco, los asuntos de la pensión, la tarjeta del abono transporte… y en una semana estaban todos enjaretados. En un mes había arreglado el tirador de la ventana del baño, la campana extractora de la cocina y las bisagras del altillo. En casa se acostumbraron a hacerme encargos.

Tres meses antes había ido apuntando en un cuaderno algunas actividades que en la vida laboral dejé de lado por falta de tiempo. Entre los primeros renglones ponía conocer Madrid y aprender a escribir.

En esas semanas empecé a descubrir otro Madrid: el palacio del Buen Retiro, donde está la biblioteca de Museo del Prado, tiene una bóveda de Lucas Jordán que es una maravilla. Hay exposiciones muy interesantes y conferencias, aunque de estas no abusé porque suelen ser por las tardes. Madrid por las mañanas, los días de diario, es diferente y posiblemente inagotable. En la otra actividad: aprender a escribir, me costó trabajo arrancar porque tenía que esperar a que comenzaran los cursos.

Necesité sacarme el carnet para todo: bibliotecas municipales, hemeroteca, Biblioteca Nacional, abono transporte, amigos del museo…, unos con foto y otros sin ella, pero no hay ningún carnet que identifique a los que, como a mí, les gusta escribir. Solo puedo demostrarlo con los relatos que escribo, como este:

REGRESO AL PARAISO

Se decía que aquel invierno había sido el más cruel de la época porque unas heladas a destiempo ahogaron las esperanzas de los sumisos labriegos que supieron que venían tiempos de hambre.

En previsión de disturbios pasó por el pueblo una tropa que recorría la comarca, y el padre permitió que el segundo de sus hijos, de catorce años, se fuera con ellos como criado: una boca menos que alimentar. La madre, que no le podía dar un mendrugo le dio un abrazo lloroso.

Cuarenta años después, una tarde de otoño, en el pueblo vieron venir a un caballero a lomos de un caballo, el sol a la espalda, las riendas sueltas y un atadillo en la grupa. Se le veía seguro, dejando que el caballo siguiera por la calle empinada. Los cascos —a paso cansino— despertaban chasquidos en el suelo empedrado. Él miraba a unas casas y otras, parecía reconocerlas. Algunos chavales le seguían corriendo, muchos ojos silenciosos le observaban desde las ventanas entre geranios rojos y en las puertas entreabiertas. Un perro canela, de orejas caídas, se refugió en un rincón con el rabo entre las piernas. Al llegar a la encrucijada movió las riendas para que el caballo torciera a la izquierda y con un leve tirón del bocado lo frenó frente a una casa de adobe con el tejado deshilachado y la puerta de tablones llena de telarañas atrancada desde hacía décadas.

Nadie notó el dolor, nadie distinguió perplejidad en la cara curtida, que ya no era joven, acostumbrada a parecer escultura marmórea sin sentimientos.

Una viejita encorvada, toda cubierta de andrajos y luto, toda surcada de arrugas que le impedían temer más desgracias, salió de la casa de al lado, se acercó al caballero con ojos que apenas veían y dijo:

—¡No puede ser!, ¿Carlitos?

Y Carlos —que había combatido en los dos extremos del Mediterráneo, que había luchado en las Américas, que había ganado y perdido batallas, entrado a saco en ciudades, que nunca había violado pero había visto con indiferencia violar como trofeo de las victorias, que jamás se replegó sin que su jefe se lo ordenara, que siempre en medio del fragor de las batallas había recordado el abrazo de su madre, la sonrisa de aquella moza que le llenó el corazón y el pueblo donde se ayudaban unos a otros con lo poco que tenían, al que siempre había soñado volver para compartir los mendrugos de pan—, lloró acurrucado entre los brazos de la viejita que le recordaba a sus padres muertos como sus hermanos. Solo su hermana Soledad se había casado y había vivido algún tiempo hasta que con lo de la viruela Dios se los llevó al Paraíso.

Las monedas de oro que trajo en el talego sucio y gris de algodón le permitieron reconstruir la casa con grandes bloques de piedra y finalizar la nave de la iglesia del pueblo, donde los albañiles venidos de lejos, construyeron en el presbiterio una capilla funeraria para él. También compró los terrenos que su padre labró como aparcero. Pero no era agricultor, ni tenía paciencia para esperar que los fríos, las lluvias y el sol vinieran cuando se los necesitaba. No lograba entender a sus paisanos con la testa inclinada ante los arrendatarios, trabajando desde el amanecer hasta la puesta del sol para que ellos se llevaran las ganancias y les dejaran sólo lo justo para seguir siendo pobres.

La niña que le había sonreído de niño —esa sonrisa pícara llena de promesas que tantas veces recordó— ya era una abuela ajada que al hablar enseñaba sus tres dientes roñosos y viudos. Por un pequeño estipendio, se encargó de limpiar la casa y que comiera caliente cada día. Tenía una hija de diecisiete años: Marta, que un día le sonrió y luego movió los hombros antes de darse la vuelta y alejarse caminando elástica —sintiéndose mirada— con esa agilidad que tienen las jóvenes en la que los músculos que les sirven para andar también tienen forma. Esa tarde, la madre insinuó, pero en la misa del domingo, Carlos, que ya empezaba a soñar, notó rencor en la cara de un mozo, de un perdedor que le miraba, también dudas en los ojos de Marta.

Carlos había comprado el amor en prostíbulos de Alejandría, de Cuzco o de Nápoles «¿Pero en mi pueblo?», se preguntó. Porque él lo único que aportaba era riqueza ¿En su pueblo, que era el recuerdo que tantas veces le había sustentado en los campos de batalla? ¿En el paraíso donde todos eran una familia bajo los cielos que refulgían al amanecer y al atardecer?

Su sueño se evaporó de golpe. Con la cuerda en la mano supo que no le enterrarían en sagrado.

Marta lloró bajo la encina. El viento del norte ondeaba su largo pelo negro. El nudo todavía seguía atado a la rama, su padre cavaba una tumba entre los surcos. Ella, que le conocía por dentro mucho antes de que él la hubiera mirado y que por su juventud desconocía la inutilidad de ser fiel a uno mismo, fue la única que comprendió el dilema de un mundo sin futuro del que había sido capitán y valiente, y que todavía era apuesto con la barba entrecana, pero nunca supo lo que había que hacer y se limitó a hacer lo que le mandaron.

Entre el llanto le dio las gracias.

Muchos, al jubilarse regresan a sus pueblos. Yo, me jubilé hace cinco años y sigo viviendo en Madrid, donde llegué con veintidós años.

Poco después, nada más conseguir el carnet correspondiente, me inscribí a unas clases de lectura y escritura con Pilar Mañas. Buena escritora y profesora: sus datos pueden encontrarse en internet. Nada es tan gratificante como empezar algo con la ilusión de un niño.

El verano pasado, conté los relatos cortos que había escrito, pasaban de ciento cincuenta: ¡Ciento cincuenta miradas al mundo! La mayoría para las clases y el resto por el placer de escribir. Para esta recopilación, me propongo seleccionar cuarenta y uno.

¿Por qué cuarenta y uno?, pues no lo sé, pero parece un buen número: es primo: ni múltiplo de cinco ni de ocho, ni de tres, … El problema es descartar más de cien, aunque algunos no sean buenos.

Acabo de comenzar y ya estoy adentrándome en disquisiciones difíciles. Como dijo Diógenes: «El movimiento se demuestra andando» y es preferible empezar:

DOBLE SALTO MORTAL

Sentado frente al viejo y desconchado espejo se da los últimos retoques. Escucha el griterío del público. Respira hondo.

Con la brocha se extiende por la cara algo más de blanco, que después, con el negro de la explosión se tiznaría en simulacros de quemaduras. Nunca se ha considerado guapo —dicen que de niño lo era— pero con ese traje se siente apuesto. También se pone dos toques rojos para subir las comisuras de los labios y aparentar tranquilidad.

Escucha el ladrido de los perros, otra risotada y tres golpecitos impacientes en la puerta «próxima actuación». Como siempre recuerda a Max, su predecesor antes del accidente. De él aprendió el oficio: a buscar la forma de flecha nada más salir del cañón y mover ligeramente los brazos para ajustar la trayectoria hacia la red «¡Pero no demasiado!, el salto se frenaría. Seria corto y trágico», le repetía. Era preferible ir "*pasao*" y después desplegar brazos y piernas para frenar. En el oficio necesita estar atento sin permitirse ninguna distracción.

Piensa que el accidente fue una pena. Por suerte los huesos soldaron bien y Max puede seguir en el circo, aunque sea de taquillero continua en la farándula. Cada semana en una nueva ciudad, como les gusta.

De nuevo los golpes impacientes, esta vez cinco «¡A pista!».

Mientras camina a saltitos gira los brazos para calentar la espalda y se ajusta las hombreras de cuero que le protegerán el cuello —dicen que no tenía amigos—. Saluda al domador de perros, alto, bigotudo, con acento húngaro, que regresa con su familia de galgos enanos saltando alrededor. Se detiene junto a las cortinas para escuchar la misma presentación altisonante de todos los días, de las dos sesiones de cada día: «Y para ustedeeees, señooooras y señores, directamente desde el Graaan Circo Ruso ¡El hoooombre bala!».

Sale a escena bajo una lluvia de aplausos de niños y mayores —dicen que estaba enamorado de la trapecista pero que nunca se atrevió a decírselo—. Da una vuelta a la pista a trote ligero. Levanta los brazos, saluda, lanza besos, vuelve a saludar con los brazos en alto. No sabe si tiene miedo o el cosquilleo en el estómago se debe al nerviosismo ante la ovación.

Se ajusta los tapones en los oídos; después el casco. Empieza el repiqueteo del tambor que el hombrecito con su traje espacial ya no oye. De un ágil salto se introduce por la boca del gigantesco cañón, se acurruca, nota los muslos pegados al pecho, la barbilla entre las rodillas —dicen que le hubiera gustado contar esa sensación de soledad e impaciencia a la trapecista, pero era demasiado tímido—. Grita «preparado» y siente la explosión de humo negro.

Describe una vuelta de campana, dos, y se estira para adoptar la posición de flecha. Busca al fondo la red blanca. El público debajo grita y se tapa los oídos, pero él no oye nada. Llega al punto más alto cerca de las rallas blancas y rojas de la carpa, empieza el descenso —dicen que la trapecista le miraba entre bastidores—. Piensa que la vida son dos saltos al vacío cada día y seguir la farándula hasta la nueva ciudad donde le lleve el circo.

Mira de nuevo al público, pequeño, expectante, multicolor, aplaudiendo. Lo ve abajo, muy abajo, y la red blanca, redonda, pequeña, muy lejos, demasiado lejos: la vida es solo eso.

En las clases del curso *de lectura y escritura* empezamos comentando las lecturas programadas, que suelen ser una novela una semana y un relato de unas diez o quince hojas la siguiente, para volver de nuevo a la novela y así sucesivamente. Los relatos que escribimos deben tener uno o dos folios, lo que impide profundizar. Me hubiera gustado regodearme en algún aspecto, pero el ordenador señala que entramos en el tercer folio: hora de recortar. Escribir parece difícil, pero tachar lo escrito duele. Al quitar palabras se diluyen las ideas.

Este rígido corsé que elimina lo superfluo no es la principal dificultad: la profesora nos suele marcar el titulo o la frase de comienzo y señala que tiene que ser escrito en primera persona o en tercera: cosas del tipo de narrador.

¿Qué se puede hacer para que se titule «*La grieta*» narrándolo en primera persona, es decir contado por el protagonista de la historia?

Escribí esto:

LA GRIETA

Al final de la cuesta de la fuente, al otro lado del arroyo seco, estaba el cementerio. Era pequeño y cuadrado, rodeado por un paredón de piedra y mampostería roja. En una de las paredes, la que daba al arroyo, había una grieta por la que se podía ver el altísimo ciprés apuntando hacía cielo.

La costumbre era que a los niños no nos llevaran a los entierros, pero desde la ventana del sobrado vi bajar la comitiva con don Calixto llevando su libro negro; a su lado el monaguillo con el roquete blanco sobre la túnica roja —como un patoso embudo invertido— y algo brillante en las manos.

La viuda tapada con un velo negro y apoyada en sus dos hijos iba detrás del carro tirado por mulas que portaba el féretro. Les seguían todos los vecinos del pueblo. Caminaban cansinamente como esperando no llegar nunca.

Estaban lejos, pero se notaba el silencio entre el lento tañer de la campana de la iglesia, rítmico, grave y obsesivo. Las maderas del sobrado, desde donde yo miraba, crujían aquí y allá, y a pesar de tener abierto el ventanuco la penumbra estaba llena de turbios rincones amenazantes.

Era la primera vez que asistía a la muerte de un hombre, de Matías. En casa escuché que el médico no llegó a tiempo porque vivíamos en una aldea y también que murió por ir con mujeres que no eran su mujer. Esas eran las explicaciones sobre la muerte que daban a los niños.

A la vuelta del cementerio mi padre dijo: «descansa en paz» y mi madre, levantando el dedo hacía él, como hacíamos en la escuela para pedir permiso, añadió, «ella también descansará».

No recuerdo bien las interpretaciones que hice de las pocas palabras que escuché a los mayores. Descansar, en el caso de ella, era vestir de luto y llorar. Ir con mujeres que no son la suya fue más complejo, pero por un tiempo, procuramos no acercarnos a las chicas al salir de la escuela.

Sobre el descanso de Matías, tuve una viva conversación con Andrés, mi mejor amigo. Porque Matías —que era coloradote de cara, sonriente y chistoso, de los que no se mueren del todo en un instante— solía decirnos:

—Me gustaría jugar al fútbol con vosotros, pero vuelvo tan cansado de trabajar que ya no puedo —y nos miraba con envidia.

Ya no trabajaba y estaría descansando por lo que dedujimos que pasaría las tardes jugando al fútbol. Discutimos sobre cómo conseguiría la pelota —yo guardé la mía debajo de la cama— y con qué equipo le tocaría porque en el cementerio había mucha gente, aunque muy mayor. Seguro que le nombraban capitán.

Como se nos ocurrió, lo hicimos. A sabiendas de que nos costaría pillarle. Era cuestión de estar atentos. Para no ser descubiertos nos acercamos por la parte de atrás, por el arroyo, que al ser casi verano estaba seco y parecía un camino de arena bordeado de árboles. Olía a trigo, a hierbas aromáticas y a tarde de verano. Antes de llegar empezamos a empujarnos hombro contra hombro sin demasiada convicción, como hacíamos para encontrar valor cuando nos desafiábamos.

—Por la noche no pienso venir, me da miedo —le dije.

—Tú siempre tan cagueta.

El sol de la tarde daba por el otro lado y la pared, junto al arroyo, estaba en sombra. La grieta bajaba en zigzag desde arriba hasta el suelo y dejaba escapar el sol como un relámpago sin trueno. Los dos acercamos el ojo. Yo por abajo, con algo de miedo como esperando recibir un puñetazo. Él por encima, apoyando el muslo en mi hombro. Llenos de excitación vimos las lápidas de granito, los hierbajos altos y algunos abejorros. El mundo de los muertos era parecido al nuestro, pero estaba más descuidado.

Repetimos la aventura al día siguiente: los abejorros no estaban, habían crecido unas margaritas y descubrimos un nido de gorriatos en la esquina junto a la puerta, pero de Matías no supimos nada.

El tercer día nos acercamos antes de entrar a la escuela. La tierna luz de la mañana rebotaba en la pared avivando los rojos y dibujó nuestras sombras caminando hacia la grieta. Acoplamos la cara en el mismo sitio de siempre:

—¿Has oído eso?

—¿El qué? —pregunté.

—Eso —me dijo susurrando y se llevó el índice a la boca. Tenía el flequillo disparado hacia arriba y los pequeños ojos marrones muy abiertos.

Algo se arrastraba al otro lado de la tapia con un ruido que no era constante y que no podía ser del viento. Una corriente atravesó mi columna vertebral. Permanecimos en silencio.

—¡La escuela! —gritó Andrés de pronto. Yo estaba agarrado a uno de sus tobillos. Salimos corriendo a todo correr, subimos la cuesta, atajamos por los tejares, nos ladró el perro del mudo, llegamos a la explanada de la escuela cuando ya estaban entrando los demás. El maestro nos vio. Balanceaba la cabeza asintiendo y negando al mismo tiempo, no parecía enfadado. Al acercarnos, Andrés aminoró la carrera para que llegara yo el primero. No me quedaba resuello y el corazón rebotaba en mis sienes.

—¿De cazar pájaros? —dijo socarrón el maestro (hay cosas sobre las que los adultos creen saber todo y no tienen ni idea). Reía por los ojos ¡Peligro! Intentó darme un pescozón que esquivé agachándome. Andrés no lo logró.

Por desgracia, a lo largo de mi vida, han sido muchas las veces en que la muerte se ha paseado a mí alrededor y he tenido que asistir a entierros de seres queridos en el pequeño cementerio. Tanto creyentes como ateos me han hablado alguna vez con voz sinuosa de lo que ocurre en «el tránsito», como lo llamaba don Calixto. He leído sobre creencias de otras religiones y civilizaciones antiguas, sobre purgatorios, reencarnaciones, momificaciones, infiernos de hielo o cenizas esparcidas en el Ganges, pero jamás he sentido con tanta intensidad que me acercaba a una respuesta como en esos días junto al arroyo seco mirando a través de la grieta que unía y separaba el mundo de los vivos del reino de los muertos. Aun hoy, pasados sesenta años, sigo dudando sí ocurrió o nos equivocamos.

Una semana después del entierro de Matías los albañiles arreglaron el paredón y cegaron la grieta.

Parece algo más largo que el doble folio de rigor, pero reduciendo la letra al once y el interlineado al uno y medio no hay problema.

También he escrito otros relatos más largos, aunque no para clase, sólo por el disfrute de escribir, charlar con los personajes o rememorar situaciones y paisajes.

En los relatos se puede mezclar una colegiata de San Vicente de la Barquera, algunas curvas de Sa Calobra en Mallorca y los encinares de Piedrahita (o el recuerdo de ellos que conservo), como en este de moteros:

DONDE LA CARRETERA NOS LLEVE

Da los últimos retoques a la triple espina y deja la plumilla junto al tintero para contemplar el dibujo. Le agrada el resultado. De nuevo introduce el plumín en la tinta china y firma *Kobol* seguido de un elegante arabesco. Todos piensan que es un sofisticado adorno, solo él sabe que está describiendo curvas imposibles con su moto.

Levanta la cabeza para escuchar mejor; el viento trae los cantos de las monjas de la misa de ocho, como cuando era niño. Las mismas voces dulces, las mismas canciones de alabanza. «Tal vez todavía viva alguna de las novicias de entonces —piensa—, ahora será superiora: una venerable anciana con el hábito de clausura y ademanes tranquilos». Cuantas cosas han pasado desde entonces y la mañana ha despertado exactamente como en su niñez en la casa familiar, la que derribaron hace muchos años para construir la urbanización junto a la carretera y el rio, frente al bosquecillo de pinos oscuros del que surge la altiva colegiata de fornidos muros marrones y tejados rojizos salpicados de los pardos manchones del tiempo. Siguen los mismos contrafuertes de piedra, las mismas ojivas, la torre amenazadora con el reloj que canta las horas y los cuartos: «mi-do, mi-do», con la nota «do» grave y prolongada ascendiendo por el silencio del valle. El viento también trae aromas de jara y lejanos ladridos de perros.

En batín y zapatillas, sentado en la terraza de su casa, contempla la página del álbum: su colección de hojas de árbol. Debajo de cada ejemplar, aplanado y seco, ha dibujado el tronco y la forma de la copa, flores y frutos. Después ha escrito el nombre en latín y español. Esta corresponde a la acacia de tres púas «*Gleditsia Triacathos*». Sus pequeñas hojitas pinnadas han quedado a los lados del rabo central perfectamente simétricas. El dibujo destaca las grandes vainas retorcidas y las espinas triples que dan nombre a la especie.

Son dibujos cuidados que ha ido realizando con el plumín negro durante los últimos cinco años. Dibujos que ya no se llevan pero que parecen tatuajes, como el que tiene en la pierna izquierda, que se hizo en Ámsterdam: cuatro ramas de espino entrecruzadas.

Con este dibujo da por acabado el séptimo álbum; el primero se lo dio la hermana de *Bull* aquella mañana triste. «Todos éramos amigos —recuerda—pero *Bull* era especial, siempre alegre, emprendedor, apaciguador, "donde la carretera nos lleve", por santo y seña». Una semana antes habían venido a buscarle *Dragaminas* y *Bull,* se iban a poner en marcha, les dijo que él no, que se había vuelto sedentario. *Dragaminas*, siempre atraído por el filo de la navaja, porfió hablándole de libertad, de rutas desconocidas, de curvas ciegas por descubrir, de derrapajes imposibles:

—Ser motero tiene sus reglas —dijo sentencioso *Dragaminas*, el flequillo moreno columpiándose sobre los ojos—, no se entra y sale a conveniencia ¡Se es o no se es!

Al final subió a la moto y los tres juntos se acercaron al *Coyote;* unas jarras, una partida de dardos, "heavy rock" a todo volumen, pero repitió que no:

—Hay un tiempo para cada cosa y mi tiempo ha pasado —argumentó con tristeza. *Bull* no le reprochó nada.

Ambos arrancaron las motos, levantaron el pulgar, como siempre, no se molestaron en mirarle, dirigieron la mano hacia delante y aceleraron. Los vio alejarse por la carretera de las encinas y desaparecer en una curva. Los brum-brum-brum de sus motos siguieron sonando profundos, potentes, rápidos, acompasados: dando envidia.

—¿Dónde la carretera nos lleve? —repitió entonces, *Kobol*, entre dientes al arrancar la moto para regresar a casa.

Ya estaba construida la urbanización, pero volviendo a casa recordó la vivienda familiar, donde había traído a *Marga* después del viaje a Ámsterdam y tatuarse las cuatro ramas de espino. Cuando descubrió que *Marga* no solo era la mejor motera, además era dulce en privado, inteligente, sólida, divertida en los detalles. Se enamoró locamente de ella. Él estaba en la cima, era de «los siete estrellas», cuando «los siete estrellas» eran lo que eran, «donde nos lleve la carretera», «de ningún sitio», «lo que la ruta nos diga», solían repetir con las chupas de cuero negro, cuando ya solo quedaban seis. *Makomba*, el más rápido, el más apasionado, el que inventó la curva del *Culebral* a tope subiendo, vagabundo y romántico, había muerto.

El pobre *Makomba* se salió de la carretera cerca de Montecarlo en una mala curva, en una mala mañana. Le vieron volar sujeto a su moto y chocar contra un risco, rebotar y rebotar hasta quedar junto al mar. Su cuerpo lo rescataron en barca, la moto duerme bajo el Mediterráneo.

Marga le gustó. Se contaron sus viajes, las aventuras, los amaneceres. Hablaron de sus gentes y de las curvas impredecibles. Ella no conocía la doble herradura del *Culebral de Izaguirre*, la que inventó *Makomba* a tope en subida:

—No es difícil: la primera curva con mucha pendiente, el acelerador a taco, y justo al cambiar de inclinación te tiras al vértice —con su mano iba describiendo cada curva y veía como a ella se le iluminaban los ojos—, notaras que la moto te saca y el mar vuelve a quedar a mano derecha. Necesitaras gritar, aullar y reír. El estómago y los sesos irán volviendo a su sitio.

Después, *Dragaminas* perfeccionó con su «a tope bajando» ¡Subidón de adrenalina! Al salir de la segunda curva solo un pequeño murete separa la carretera del acantilado: veinte metros de vacío hasta la risquera, el acelerador a taco, los dientes apretados.

Le propuso vivir juntos. En esa época él era solvente, trabajaba en invierno y verano. En invierno araba de finca en finca, Andalucía, la Mancha, Castilla. En verano cosechaba; la misma ruta con una gran cosechadora. Era el mejor, le gustaba hacer el turno de noche, decían que iba como un loco, pero solo los muy amigos sabían que cosechaba como si volara en moto. A última hora estudiaba el terreno, los desmontes, los pedregales, la altura del trigo y los posibles peligros. Después arrancaba la cosechadora, encendía los grandes faros y disfrutaba de la potencia. Ocho, diez, doce horas seguidas hasta que llegaba el nuevo turno. Velocidad y perfección en cada curva, aceleración, dominio. «Nadie que no haya cosechado en una noche de luna llena podrá entender lo que es navegar por el mar de trigo», piensa. En primavera y otoño salía a donde su moto le llevara.

Fueron doce días maravillosos con *Marga*, le ofreció hacerse sedentario por ella, pareció aceptarlo. La mañana siguiente, mientras él todavía dormía, ella arrancó su moto y no la volvió a ver. En principio pensó que había ido a comprar algo, esperó, esperó y desesperó. Tiempo después comprendió que los moteros son de todos los sitios y de ninguna parte, ella no era de allí.

Durante ese año asistió a todas las concentraciones, como si hubiera tenido un ansia inagotable de oler ruedas quemadas y tubos de escape. Se unía a cualquier collar de dos ruedas engarzado en cualquier carretera dirigiéndose hacia cualquier parte. Se emborrachó con la potencia, con el viento en la cara. Siempre preguntaba por ella —es alta, piel aceitunada, nariz aguileña, monta en una Davidson y tiene un tatuaje con cuatro ramas de espino en el hombro derecho, como este, se llama *Marga*— pero nadie le supo decir. Cada noche sus manos se combaban en los contornos exactos de las curvas de *Marga* y los dedos soñaban con terciopelos, turgencias, calor. Cuando comprendió que perseguía por rutina, que lo que quedaba en su memoria ya no era la auténtica fragancia de ella, decidió regresar a la casa vacía de ilusiones. Su moto y él recorrieron la larga cinta de asfalto arrodillados en el confesonario del rugido del motor, sabiendo lo que habían hecho y de lo que se arrepentían, sin saber qué harían después.

Le ofrecieron construir una urbanización de adosados entre su antigua casa, el jardín, el pequeño huerto abandonado y el campo de maíz. Irían a medias. Tendría una casa con vistas a la colegiata y al rio, un garaje y mucho dinero. Sintió pena el día que la excavadora clavó su pala en la casa familiar y no pudo mirar cómo se caían los sueños de geranios de su madre. También se fueron los años de paciencia de su padre, luchando con las mulas en los surcos del maíz, pero ellos ya no estaban.

Las nuevas casas fueron buenas. Él tenía dinero, las mejores vistas, una vivienda cómoda. Ya no necesitaba trabajar, pero siguió con el arado y la cosechadora como todos los años. Era conducir, como en moto, por los campos de Dios, el traqueteo continuo, los desmontes, acercarse peligrosamente a las vallas, adrenalina pura, gritos de felicidad en los campos iluminados por los faros y blanqueados por la luna, orientándose por las estrellas.

Primero eran doce horas, luego diez, después ocho, empezó a cansarse de repetir siempre los mismos pueblos, la misma gente a la que no entendía. Ellos araban para después sembrar, para ver crecer sus plantas, rezaban para que lloviera a tiempo, para que no hubiera plagas, para poder cosechar y vender el trigo. Él araba para hacer surcos derechos, siempre de la misma profundidad, robando tiempo al tiempo con la aceleración. Era el placer de arar con tres mil caballos de potencia, sin ley, rebelde.

Al final lo dejó. Le ofrecieron entrar en el mundo de la construcción, como inversor o conduciendo maquinaria pesada, pero ya no le atraía ni necesitaba más dinero del que podría gastar. Se acercaba al *Coyote* y charlaba con los amigos que le apodaban *Kobol* por la perfección con que trazaba las curvas, como un ordenador. «Kobol es algo en lo que se entienden los ordenadores», había comentado *Estruendo*.

Los fines de semana no iban al *Coyote* porque se llenaba de domingueros con motos caras. Esos días, cuando todavía tenían futuro, solían quedar en la fuente de la colina de los lobos, siempre con las chupas de cuero de los «siete estrellas» que diseño *Perrito Caliente*. En la espalda tenían grabado, como tatuado, un motero de espaldas con siete estrellas doradas en diagonal. Surgió en su primer viaje a Barcelona cuando los Rolling Stones actuaron en España. Todavía no eran moteros y allí descubrieron que la velocidad era su vida:

—¡Donde la carretera nos lleve! — gritó entonces, *Estruendo*.

Perrito ya no venía por la fuente de los lobos, él era más de rock que motero. *Estruendo* apareció un domingo a despedirse, ya estaba casado, se iba a Madrid. El banco le había ofrecido un traslado y un ascenso. Años después se enteró por *Sidecar* que había tenido tres hijos y vendido la moto. *Sidecar* era un especialista en tomar las curvas en paralelo, como si su moto se soldara a la tuya, como un sidecar.

De nuevo la brisa le trae el canto melodioso de las monjas y también el lamento aflautado de un pájaro desde el pinar, quiere percibir el olor a jara pero ahora no le llega.

Pasan unas motos por la carretera: las primeras. Vuelve a pensar en la hermana de *Bull,* triste:

—Os vais a terminar suicidando todos, sin acordaros de los que nos quedamos —como una gota de agua con su hermano, con el pelo largo y las caderas redondeadas.

Fue hace cinco años, le regaló el primer álbum de hojas; el que Bull dejó inacabado. Empezaba por "chopo": acorazonada, luego "olmo": aserrada, así hasta sesenta distinta. Quedaban cuarenta que rellenó él: "roble": lobulada, después dibujó en cada página: el árbol y la rama con flores, a plumilla, con tinta china negra, lo firmó desde la página sesenta y uno. Las anteriores eran de *Bull*.

Le habían venido a buscar unos días antes, se despidieron en el *Coyote*. En la doble del *Culebral* se encontraron con un todoterreno, cada uno lo esquivó por un lado, ambos cayeron al precipicio y nada más. No pudo ir a verlos, no encontró suficiente valor. Al entierro sí asistió, vio llorar a sus padres y su hermana. No permitieron que fuera en moto, se lo dijo ella por teléfono hipando mientras hablaba.

Después compró otro álbum. Dos días para cada dibujo, alguno más en buscar los árboles adecuados y secar las hojas prensándolas en un libro —la biblia de sus padres si eran pequeñas, en el atlas las grandes—. Siete álbumes de cien páginas; a dos días por página: mil cuatrocientos días, casi los mil ochocientos de los cinco años.

«Mi-do, mi-do», de nuevo el reloj inunda el valle con su «do» grave y prolongado. Hace una semana vino a verle un chaval de la urbanización, un motero joven, orgulloso de su moto:

—Hemos preparado una concentración para el domingo. Nos acercaremos a Izaguirre. Vendrá gente de todas partes —le hablaba con expectación y con miedo. «Demasiado joven», pensó él.

Cada motero echaría una flor al mar desde la doble enlazada. Iban a salir a las nueve de la plaza del mercado, donde los plátanos de paseo. Iría mucha gente y sería un honor que cabalgara con ellos. No respondió ni que sí ni que no. «Mi tiempo ha pasado», piensa.

Mira de nuevo el álbum, como queriendo esconderse de su responsabilidad, pero es la última página.

—Se ha acabado, necesito buscar árboles diferentes, recolectar hojas nuevas. Tendré que ir al sur, o al norte o al este o al oeste. Se acerca la primavera que llenará de hojas los árboles —se dice entre dientes o, tal vez, solo lo piensa.

Escribe en la última página: «Acabado el diecisiete de marzo de dos mil veintitrés», después lo firma *Kobol* y traza el arabesco con curvas imposibles de su moto que enmarcan el texto hasta llenar toda la página terminando en la esquina superior derecha con el trazado de las *enlazadas del Culebral*.

Deja la plumilla, cierra el tintero, se pasa el índice y el pulgar por los ojos y aprovecha para quitarse las gafas. Se levanta, se estira con las manos en los riñones, observa el bosquecillo, la enorme masa de la colegiata, el cielo azul claro.

Escucha una moto que arranca en la urbanización. «Será el chaval que acude a la concentración —piensa—, me esperará debajo de los plátanos de la plaza, solo un rato, después se pondrá en marcha con alguna horda, porque no todos irán juntos, una horda, otra horda, otra horda, …»

Tan solo hace un año que *Sidecar* le vino a buscar, fueron al *Coyote*, ahora se llama *Mira luz*. Por dentro lo habían reformado, un gran ventanal permitía contemplar el valle y las montañas grises del fondo donde las carreteras se convierten en curvas. Ahora es una cafetería-restaurante para turistas y familias. Ninguna moto, ningún motero. Preguntaron al camarero y les indicó que dos quilómetros hacia arriba habían abierto el *Oasis* donde se reunían los moteros. Se acercaron. *Sidecar* se puso en paralelo como en los viejos tiempos. Al llegar aceleraron a tope para hacer ruido. La puerta estaba atestada de motos relucientes y también había alguna Davidson. Entraron, la gente estaba disfrazada de motero.

Lo regentaba *Can*, un viejo rival que ahora, entre niñatos, se sintió colega. Salió de la barra orondo como una sandia, con gafitas ovaladas de filo metálico, les dio una pechada según el antiguo rito y se sentó con ellos en una mesa «¡Cerveza para todos!», gritó y les trajeron tres jarras. La música no era rock sino un animado blues dulce de escuchar. La gente los miraba, los admiraba como viejos gurús de la carretera curtidos en todos los asfaltos. *Kobol* observó que algunos eran niños bien con ademanes de intrépidos. Llevaban chupas que imitaban a los siete estrellas, incluso fabricadas con cuero envejecido, pero no eran auténticas, solo sucedáneos. Por un momento los envidió porque aún soñaban con rutas por descubrir.

Jugaron a los dardos, ganó *Can. Después* los dejó solos. *Sidecar* sostenía que este mundo es una mierda, que no tiene futuro, que los mejores habían muerto jóvenes:

—Vivir sin ilusiones es vomitivo, mañana igual que ayer, igual que el mes que viene, igual que nada —él observaba los pelillos que le habían salido del lunar junto al labio.

Continuó diciendo que necesitaba emociones, le invitó a ponerse en ruta: donde los llevara la carretera para descubrir nuevos amaneceres. No volvió a ver a *Sidecar*, la carretera le llevó a la doble enlazada bajando, al quitamiedos y a los acantilados. Esa noche lloró, la primera vez que recuerda haber llorado, no había tenido suficiente valor para decirle que el tiempo había pasado, que ya no era su tiempo, que era fácil afirmar que has conseguido la doble de Izaguirre bajando a tope, pero sabiendo que no es a tope del todo, que quedaba algo de gas, que instintivamente, imperceptiblemente, sin ser consciente de ello aguantaba el gas para no rozar el quitamiedos y volvía a disimular para seguir siendo un héroe.

Pero no se atrevió a decírselo, bien lo sabe, porque quería seguir siendo el líder que ya no era. «Se es motero o no se es, el pasado no cuenta», recuerda.

Esperan a la sombra de los plátanos de paseo, «*Platanus Hibrida*», con sus ramas cubiertas de pequeñas placas que dibujan aguas amarillas, grises u ocres. De nuevo los tres «mi-do» seguidos, con su nota grave prolongada que asciende por el valle rellenando de sonoridades prados, bosques y su alma.

Nunca sabrá por qué —tal vez porque en este momento no se escucha el canto eterno de las monjas, o porque no tiene hojas para el álbum, o porque la inmensa mole de la colegiata es siempre igual: siempre quieta allí. Envejeciendo año tras año, siglo tras siglo, sin protestar, sin rebelarse, siempre en el mismo sitio, bajo el mismo cielo. Grande sin sueños de grandeza— se calza los pantalones de cuero, los tirantes; contiene la respiración mientras se ajusta la faja que apenas le vale, coge la chupa, se ata el pañuelo blanco y negro en la cabeza con el nudo motero de pirata, se abrocha el anticuado casco, mira el álbum todavía abierto, el plumín, las gafas y el tintero. No piensa en nada, solo se aprieta la goma de las gafas, camina hasta la moto, un pedalazo fuerte, el acelerador responde brum-brum-brum rítmico, profundo, piensa en la flor que echará al mar:

—Mejor cogeré algún ramillete silvestre de camino, junto a la carretera ¡Montaraz como ellos!

Se sube a su vieja amiga, compañera de infinitas aventuras, los pies en los estribos. Acelera: el brum-brum-brum se transforma en toc-toc-toc, la brisa le acaricia la cara sin afeitar y le llena de vida.

—¡Donde me lleve la carretera! —grita con la voz ronca del líder que siempre fue—, por *Makomba*, por *Dragaminas*, por *Bull*, por *Sidecar*, por mí y por *Marga* que me amó nómada.

Da una vuelta a la plaza, el motor ruge gritando poder y libertad. Se le une *Can*, orondo sobre su Harley-Davidson del 71, brama la horda detrás. Eleva el pulgar al aire y lanza la mano adelante, como siempre. A su espalda estrepito de motores despiertan a la aventura acallando los cuatro «mi-do» de la campana, ensordeciendo el valle.

Vuelve a cabalgar, donde la carretera le lleve...

Como he señalado, empezamos las clases con un coloquio sobre el relato o novela propuesto en el que intentamos no centrarnos solo en el argumento: analizamos el tema principal, los secundarios, los personajes, el tipo de narrador, tiempo verbal y tiempo narrativo, equilibrios, metáforas, simbolismos, etc. La profesora insiste constantemente que está prohibido decir: «me ha gustado». Lo ideal sería introducir metafóricamente todas las ideas y conceptos encontrados en un caldero y ponerlo a cocer para poder destilar las sutilezas de la obra.

El tema principal del primer curso fue el sexo, enamoramiento y deseo. La muerte, lo fue para el segundo. Resultó difícil mantener unos relatos contenidos en un momento en que apenas tenía confianza con los compañeros y su manera de pensar. Había que navegar entre lo atrevido y lo políticamente correcto (si es que existe). Por suerte esta idea se desvaneció rápidamente.

Aparte, había que lidiar con los problemas adicionales de tabuladores, los guiones largos y cortos, las mayúsculas en interrogaciones, después de coma, después de los guiones. Por supuesto cuidar los leísmos y laísmos, que habiendo nacido en Ávila y viviendo en Madrid, llevo incorporados de fábrica, como se dice en la equitación de los coches, y me siguen resultando complicados, aunque ahora, en los test de internet saco entre el setenta y el ochenta por ciento de aciertos, que es un notable.

En pocos meses fui balbuceando las primeras descripciones y comencé a atreverme con las conversaciones.

¿Son los personajes y las conversaciones el relato? No, pero ayudan a estructurarlo.

Rescato cuatro de aquellos relatos. En el primero intenté presentar unos personajes bastante sensuales sin describirlos del todo:

PELIRROJA

El ritmo de mi vida cambiaba los jueves: tarde de sexo y a las siete ella se iba a la peluquería. Solo los jueves, por eso me asusté cuando, todavía vestida, preguntó con mirada incisiva:

—¿Tú crees que lo nuestro funcionaría? —Esperó un instante antes de romper el silencio seco que se produjo— Me acabas de contestar, no hace falta que lo adornes con mentiras —y se quitó el fular para comenzar a desvestirse como todos los jueves.

Había sido un golpe bajo. A mi manera, yo la quería, pero ella tenía razón, me gustaba la vida tal como estaba: jueves de sexo y en la pausa conversar sobre arquitectura modernista o alguna exposición mientras ella fumaba voluptuosamente un cigarrillo y yo acariciaba distraídamente su piel flexible.

Agotado, me gustaba contemplar su cuerpo estilizado de andares saltarines yendo hacia el baño, con el pelo teñido en matices de ébano y el blanco del biquini dibujado en su piel morena; siempre descalza, siempre con prisas «¡Hoy no llego!», decía invariablemente girando la cabeza con una tímida sonrisa.

La volvía a mirar cuando salía del baño recién duchada, recatada, con mi albornoz puesto. Se sentaba a los pies de la cama donde yo seguía retozando perezoso. Se vestía deprisa, de espaldas a mí y cuando se ponía las medias que iluminaban las piernas de nadadora yo cogía una bata para acompañarla hasta la puerta donde me daba un último beso antes de abrir. Me volvía a la cama —que recordaba su perfume afrutado— para leer libros de derecho sintiendo libertad.

Esa era la vida que tenía y me gustaba. Y de pronto, un jueves de verano me dijo con ojos acuosos que estaba mal con su marido. Que había descubierto que él tenía una aventura.

Yo podía haberle contado que me los crucé al salir del restaurante. Él, un colega al que conocía vagamente, bajaba las escaleras del hotel junto a una estatua pelirroja orgullosa de su cuerpo que cabalgaba sobre sofisticados zapatos de aguja. Él trató de disimular apartándose y yo correspondí mirando hacia otro lado.

Aquella fue una tarde violenta, desesperanzada, en la que ambos necesitábamos descubrir el mundo por última vez. Al volverse, antes de entrar en el baño no apareció la sonrisa de otros jueves ni tuvo prisa para ir a la peluquería. Supe que era el final y que nos encaminábamos al todo o nada.

Maldije al marido y a la pelirroja. Me revelé. Necesitaba un plan y lo ejecuté: desplegué, alrededor de la llamativa pelirroja, toda la seducción del buen abogado que soy. Con un par de «whiskies» mirando a las estrellas descubrí que estaba casada e instigaba un cambio de pareja. Argumenté como si me dirigiera a un tribunal que el hombre que deja a su mujer por otra es propenso a cambiar cuando pasa la novedad.

Pronto llegaron las vacaciones y las piezas volvieron a alinearse como en la mesa de dominó: «los cincos con los cincos y los treses con los treses». Se arreglaron los matrimonios y yo comencé a tener sexo los miércoles. En la pausa hablábamos de futbol.

Me gustaba contemplar entre las sábanas los prados níveos de un cuerpo ardiente como su pelo. Era incisiva, parecía un insolente delantero regateando en el área rival. Salía del baño sin mi albornoz puesto, plena, altiva; llamándome remolón por seguir en la cama mirando cómo se ponía el sujetador y no me daba ningún beso de despedida en la puerta, simplemente agitaba el pelo siempre rojo, ondulado y brillante, que esparcía un perfume seco.

Tampoco me quise comprometer y un par de años más tarde se fueron a vivir a Palma. Hubo otras parejas fugaces, pero apenas ocupan sitio en mi memoria.

Sentado en mi desgastado sillón miro la estantería llena de libros de derecho que ya no me atraen y en la que, en algún rincón, debe de estar la libreta azul: «mi cuaderno de bitácora», donde fui anotando los juicios que gané con nombres de jueces, fiscales, acusados, estrategias y referencias de los periódicos. Libros alineados por orden alfabético sin ningún portarretratos, ni recuerdo de personas queridas: libros y polvo.

¡Hace tanto que nadie me llama para interesarse por mis argucias jurídicas! La vida se ha portado injustamente con mis trabajos y conmigo.

¿Era depravado el protagonista o decidió ser así? Queda una duda. Lo describí como perdedor y ahora al releerlo pienso que debería modificar el relato añadiendo al final una frase muy española: «¡Que me quiten lo *bailao*!», que también hubiera servido de título. Si no supiera mi edad, diría que son los típicos errores de juventud.

Ya iban aflorando las tres fases del relato: inicio, nudo y desenlace que figuran en todos los manuales de escritura creativa.

El siguiente relato es de la misma época y tiene también a un hombre por protagonista, pero tengo que aclarar que ninguno de los dos soy yo: la ficción y la realidad son dos cosas distintas, aunque al escribirlo (y al leerlo) debe parecer real.

TÚNELES INSATISFECHOS

Cuando ayer salí del trabajo ya era de noche. El metro hasta casa es directo, unos cuarenta minutos de principio a fin de la línea. Como casi siempre, conseguí sentarme y saqué mi novela dispuesto a desconectar. A mi lado iba una chica joven con minifalda y un macuto negro lleno de libros por lo que deduje que debía ser universitaria. Me llegaba su agradable perfume entre ácido y afrutado mientras recorría los renglones de aventuras.

Con el cansancio del trabajo y la tranquilidad del traqueteo me deje arrastrar por un recuerdo de finales de los sesenta, como suelo decir: «juventud, tonterías y esperanzas». He olvidado como lo organizaron y como me invitaron, pero los padres de alguien estarían fuera e íbamos a ver unas pelis porno que otro alguien había conseguido en Francia. Muchas veces he recordado el rugido de la reunión. Ya antes, la combinación entre clandestino, prohibido, sexo y los diecisiete años nos había cargado de emoción.

En el salón, por supuesto estábamos solo chicos, la lívido alcanzó cotas epopéyicas. El video tenía tres o cuatro cortos de guion muy sencillo que se entendía sin necesidad de hablar francés: llega el fontanero a una casa donde le abre una rubia que charla con otra y una le dice algo, la otra le acompaña al dormitorio y el resto eran juegos de cámara por encima y por debajo mientras nosotros gritábamos. En el segundo corto, un vendedor de libros —por eso de la cultura—, y el resto similar con más o menos redondeces y modificando los colores del pelo. Había otro con un camarero. Traté de mantenerme sereno, con el «bien hacer» de la educación, mientras asistía a aquella competición de gritar la burrada más sonora y la palabra más soez. Solo dos permanecíamos aparentemente tranquilos y sentados. En un momento nos miramos en silencio, la expresión de su cara me dijo: «¡Con vaya percal nos hemos juntado!».

Solo era apariencia, mi cuerpo estaba efervescente. Con diecisiete años no supe digerir las energías que me estaban invadiendo cuyas imágenes y fantasías me han acompañado a lo largo del tiempo. Recuerdo la sensación de euforia por lo que nos esperaba, que con el tiempo se fue convirtiendo en: «¿Y a mí no me pasan aquellas cosas?», hasta que los años demuestran que nunca ocurre lo que de jóvenes anhelamos creyendo que el futuro nos lo tiene prometido.

Pasada la estación de *Sol*, el vagón se fue vaciando. En los túneles veía, reflejada en la ventanilla de enfrente, la imagen de mi compañera de asiento. Quizás veinte años: una niña. Llevaba dos pequeñas trencitas de colegial intencionadamente desaliñadas, que con la nariz aguileña y la minifalda daban el aspecto de joven rebelde. Levantó la cara y nuestros ojos se cruzaron en el reflejo. Los suyos desafiantes, los míos entre cansados y divertidos por la niña haciendo de mujer. Ella terminó bajando la vista hacia el cuaderno.

En las siguientes estaciones se fueron bajando los pasajeros excepto un señor con gabardina que estaba sentado al fondo del vagón. Con los demás asientos vacíos, percibía el calor de mi compañera. Ella no volvió a levantar la vista. El señor se apeó dos estaciones después y nos quedamos solos los dos en el traqueteo del túnel. Era una sensación extraña, ella leía, o hacia como si leyera con el cuaderno sobre sus piernas. El diafragma me empezaba a apretar los pulmones y sentía un cosquilleo indefinido. Recordé los cortos, las redondeces y los colores de pelo. Me sentí incomodo porque era una niña y no hablábamos. En el espejo volví a calcular veinte o veintiún años. Pensé en levantarme y mirar el plano del metro para disimular en la negrura de los dos solos. También, en decir algo que pusiera a prueba la rebeldía de su atuendo. Pensé, pensé y pensé oliendo su perfume ¿Cómo sería su voz? ¿En qué estaría pensando ella?

Recogió el cuaderno lentamente con manos seguras, lo guardó en el macuto, miró la hora. Vi sus uñas pintadas de fantasía con dominio del añil y toques rosa. Se levantó. Era alta, la chaqueta jaspeada le tapaba la minifalda. Caminó despacio hacia el extremo del vagón con sus largas piernas enfundadas en leotardos color berenjena y se cogió a la barra junto a la puerta. Tenía un punto de distinción balanceándose con los vaivenes ¿Lo haría a posta? En una curva apareció la estación, subió la manecilla de la puerta con un clic. Salió caminando erguida y entró en el vagón de delante en el que iban varios pasajeros. Me miró a través de los cristales. Una mirada furtiva que no llegué a entender. Tenía el pelo castaño.

El segundo año, aunque tocamos varios temas, nos centramos en la muerte que puede plantearse desde muchísimos puntos de vista.

«El punto de vista es fundamental», repite la profesora aprovechando la obra que estamos comentando, mientras revuelve y revuelve el caos donde trabaja la literatura, la ficción y la vida: el caos del todo.

Ella, los compañeros y yo mismo, como suele coincidir que haya hecho el autor en la novela que acabamos de leer, seguimos removiendo el caos para intentar iluminar un punto concreto. Removemos conceptos, recuerdos, párrafos o poesías buscando alguna frase capaz de desvelar una contradicción u otra forma de pensar.

Los relatos brotan de los recuerdos, de la vida diaria y de las lecturas. Antes de formarse en nuestra mente suelen beber de aquel caos que hemos ido vislumbrando en el que también están los paisajes que son y los que perviven en nuestra memoria.

En un relato sobre la muerte es distinto el planteamiento que hace la persona que está a punto de morir llorando, o con orgullo o sin darse cuenta, al que perciben los familiares y amigos que le quieren.

El relato siguiente plantea algunos simbolismos en torno al lugar donde descansan los restos mortales:

CARONTE

Encaramada al promontorio, presidiéndolo todo y rodeada de pinos se yergue la colegiata. Siempre posando allí para ser fotografiada con sus contrafuertes verticales y su arenisca dorada. Siempre allí mientras vuelan las gaviotas, las palomas, las grandes águilas o los rápidos cormoranes. Cuando la marea sube y cuando baja. En los días despejados o nublados o cubiertos de niebla que esconde las montañas. Mientras cantan los pájaros y cuando hay tormenta o cuando ladran los perros lejanos en la noche.

La campana llama a misa «tontorin-ton, tontoirin-ton» y la gente sube la cuesta despacio, en grupo junto a los peregrinos que realizan el Camino de Santiago con pesados macutos, con humedad y frio en la piel. Respiran el olor a mar, a pino y a laurel escuchando el graznar de las gaviotas, y la colegiata está allí, quieta, impresionante, orgullosa desde hace siglos —rodeada de vida que las fotos detienen—, acogiéndolos.

Hoy está lloviendo, aunque no hace frio. Las hojas recogen gotas brillantes como perlas de diamante. La marea está alta. La luz indecisa apenas refleja en la ría la flexible silueta invertida de la colegiata enmarcada en nubes grises y copas de pinos.

Solo se conserva el inicio del antiguo puente derruido que atravesaba la pequeña ría. El que antes recorrían los peregrinos; el que seguían los cortejos fúnebres entre la colegiata y el cementerio. Ahora todos pasan por el nuevo puente de piedra.

El cementerio, con su entrada de columnas, frontón y tejado a dos aguas simula un templo griego. Está al otro lado de la ría, rodeado de prados; a media altura de una colina verde poco empinada.

Me imagino los cortejos fúnebres bajando desde la colegiata, atravesarían el puente y subirían despacio por el camino ocre hasta el cementerio. Las ovejas blancas apenas levantarían las cabezas de los prados para mirar a aquellos hombres vestidos de luto que entonaban rezos y cargaban un féretro.

Junto al antiguo puente, que ya no existe, está anclada una barca blanca, precisamente en la amplia "S" que dibuja la ría. Con la marea llena me recuerda el cuadro de la *Laguna Estigia*, azul rodeado de verdes y montañas grises con niebla a lo lejos. Pienso en Caronte transportando las sombras de los difuntos a cambio de una moneda para que pudieran descansar en el Hades.

Arrecia la lluvia. Las gotas, con su golpear, van marcando el paso del tiempo, de la vida. Una gaviota resbala veloz en el cielo. Viene de muy lejos, realiza dos giros sobre la ría, parece que va a descender; emite unos graznidos, vuelve a girar y endereza el vuelo para alejarse sin ningún ruido hacia otro lugar. La luz declina, se despide la tarde. Los vencejos han dejado de jugar a perseguirse en círculos con su estridente piar.

Hoy no hay entierro, ni cortejo fúnebre. Tampoco está Caronte. No está nunca. Solo su barca atada junto al bosquecillo en el margen derecho. Y en la ladera, el cementerio donde descansan los cuerpos de los difuntos ¿Dónde se fueron las personas? ¿Serán solo recuerdos en las memorias de sus amigos? ¿Dónde se esconden las sombras que transportaba Caronte?

En la montaña brumosa se enciende una luz, luego se apaga, vuelve a iluminar y de pronto los pájaros en la ría cloquetean y cantan con estrepito para luego callar. La luz se apaga y permanece muda en el negro que envuelve a la noche.

Es la misma colegiata que aparece en el relato de las motos aunque participa de distinta forma. En este último relato, el paisaje ha sido el protagonista de la historia que abre la puerta a la reflexión.

He hablado de dificultades para adaptarme a dos folios, títulos y tipos de narrador, pero en realidad eso eran minucias. Me explico: me incorporé a un grupo: «*Curso avanzado de lectura y escritura*», que llevaba varios años funcionando y todos conocían los fundamentos teóricos (excepto Juan y yo que llegábamos nuevos).

Hubo explicaciones, pero llegaban en pequeñas dosis con cada clase como repaso para los otros ¿Por qué no me apunté al curso elemental?, pues porque ya había escrito algo, no quería empezar desde el aburrido cero y, por esa sensación de suficiencia que nos hace sentir una prolongada vida laboral, capaz de enfrentarme a todo.

¿Cómo me las arreglé?: simplemente navegando por el caos, leyendo en internet lo que encontraba y poniendo empeño. Los jubilados somos muy cabezotas.

Muchas de las explicaciones que iban apareciendo en clase, ya las había leído en internet y conseguía encajar las ideas dispersas que incluso había practicado: ¡Qué agradecidos fueron los compañeros escuchando sin protestar mis primeros textos!

Un par de meses más tarde, un compañero: Juan Paz (otro Juan) me ofreció sus apuntes que por supuesto acepté. Eran escuetos, casi matemáticos, simplificados a la mínima expresión como una chuleta para un examen de física y química. El problema es que los relatos no se pueden sumar ni restar y al desprenderlos de la emoción se quedan en nada.

Aproveché alguna de las pautas de los apuntes y busqué en internet las palabras técnicas que él tenía anotadas. Con su espíritu de ingeniero me habría aconsejado que hiciera la media aritmética entre un sistema y el otro, pero los relatos nunca son matemáticamente exactos; siempre necesitan algo del caos de lo indefinido para tener emoción. Preferí seguir navegando entre aquel caos que borboteaba en el caldero.

Vaya mi agradecimiento con estas palabras a Juan, que murió un tiempo después, aunque las causas del fallecimiento no tienen ninguna relación con lo que acabo de contar.

En el siguiente relato no aparece la muerte pero se pasea por los alrededores esperando un triste final:

OLVIDO

Está parado en un salón que no le resulta del todo desconocido. La televisión, a la que nadie atiende, emite con voz gritona un programa de variedades. Quisiera haber olvidado las regiones de León, las estudió en primero de bachillerato con aquel profesor de pelo blanco tan antipático y, cuando se pone nervioso, le revolotean en la cabeza: «el Bierzo, la Maragatería, la Bañeza y el Páramo».

—¿Qué contento estarás hoy, Manuel? —le dice la señorita de bata blanca. En el bolsillo tiene bordado: «Mercedes».

Sonríe manso, ¿qué va a hacer si ella le habla dulcemente y sabe su nombre?

—Son las nueve, ¡vamos despacito! —dice cogiéndole del brazo. Él baraja mentalmente: «Bierzo, Maragatería, Bañeza» y la sigue con pasos de niño pequeño.

—Dime, Manuel ¿Estás contento de que haya venido tu hijo?

Sigue caminando, sus zapatillas de franela no hacen ruido al pisar. Ya llegan a la puerta y ve las mesas con manteles blancos. Algunos asientos están ocupados por ancianos que esperan con cara liquida ¿Mi hijo?... estuve casado, deduce. Cree recordar un olor a jazmín, pero no está seguro. Ya no está seguro de nada: «Bierzo, Maragatería» ¿Merece la pena seguir viviendo? Encoge la mano para esconderla en la manga de la chaqueta y que no vean que los dedos se han convertido en mariposas aleteantes.

—¿Te acuerdas de cuál es tu mesa, Manuel?

«El Bierzo, la Maragatería...», se repite, pero no es eso lo que quiere recordar. Todas las mesas son iguales. Se gira para mirarla implorante:

—Señorita, ¿sabe usted sí fui feliz?

Al ordenar los relatos para esta colección, pensé en comenzarlos con uno en el que intento descubrir quién soy, pero lo descarté por demasiado brusco.

Este relato tiene la curiosidad de que le cambié el título. Normalmente el título es lo último que elijo. Se me suele dar mal porque tienen que decir, pero no decir del todo para no desvelar.

Lo que hay que pensar con cuidado son los comienzos ¿Quién no recuerda el principio del *Quijote*, o de *Orgullo y prejuicio?*, o de *Ana Karenina*: «*Todas las familias felices se parecen unas a otras; pero cada familia infeliz tiene un motivo especial para sentirse desgraciada*». Es necesario empezar con un puñetazo que atraiga la atención y acabar con otro que deje impactado al lector. La teoría siempre fue fácil.

Al siguiente relato, primero lo titulé «*añoranza*» y después lo modifiqué:

SOY

No soy de aquí, soy de otro sitio; los amigos me dicen que cuando recuerdo añoro. Yo recuerdo lo que era y lo que podía haber sido; recuerdo que me enseñaron el sol, el azul del cielo, el gris de las piedras y a mirar a los hombres transitando por sus vidas. Vi grandes fastos en las fiestas, miré la primavera en el campo, aprendí que las chicas existen y que «el bien y el mal» estaba claro para los adultos. Intuí que entre el pecado prohibido —a que se reducía nuestra educación sexual— y la vida, debía haber algo. Fui feliz correteando por las calles del «otro sitio» cargado de dudas y preguntas sin resolver. Fui aprobando las asignaturas.

Tuve que aprenderme de memoria los versos de Kipling: debía caminar con mi paso y mi luz, y después sutilmente me enseñaron a quebrarme las alas y caminar *como Dios manda* entre los raíles de su moral y costumbres.

Vi gente sentada en las terrazas de las cafeterías mirando cómo caminaban los otros; vi el pasar de los trenes en la estación con aquellos viajeros que nos miraban a nosotros. Fui amado por mis padres. Recuerdo que tenía que ir a estudiar fuera; recuerdo que era inocente: incapaz de diferenciar entre «el bien y el mal». Cogí el tren con billete solo de ida; muchas veces volví por vacaciones desconociendo si era viajero o local, porque eran ellos los que decidían en que bando estaba yo: conocía las «buenas costumbres» y desconocía por qué eran «buenas».

Luego he vuelto muchas veces, me gusta ir con billete de ida y vuelta. Me gusta cuando me invitan a lo que ellos llaman cruasanes y son bollitos de leche con forma de luna, tan deliciosos que nunca los encontré iguales.

Me cuesta llegar a la pregunta porque desconozco la respuesta «¿Quién soy?» —Para los demás es fácil: simplemente pronuncian mi nombre—. Me gusta mirar a los ojos al presente donde clava sus raíces el futuro. Me gustan los caminos sinuosos, ser desordenado y fiel a mis amigos. Me gusta recordar y soñar con aquellos atardeceres y las largas tardes de piscina divagando sobre cuando fuéramos mayores y supiéramos dilucidar sobre lo que es «el bien y el mal». A veces me siento adolescente y otras me reconcilio con las canas que crecen entre mi pelo castaño.

Lejos del «otro lugar» no he llegado a descubrir —como los adultos entre los que viví— dónde acaba el bien y dónde empieza el mal, ni cómo debo caminar, porque creo que en eso consiste la vida y hay tantas cosas que quiero seguir aprendiendo. Pero la pregunta «¿Quién soy?» sigue sin ser formulada —es fácil descubrir la respuesta en los libros de filosofía o de religión, pero es difícil responder en primera persona—. Tal vez soy mis recuerdos: los que ocurrieron o los que podían haber ocurrido, lo que aprendí o leí —libros elegidos por las portadas bonitas o escritos por sesudos premios Nóbel—, lo que sueño, hablo o imagino, lo que amé y lo que amo, lo que soy amado.

Puede Incluso que mi vida sean los relatos que escribo, simplemente porque salen de mí y algunas veces me descubro en ellos. Lo que sí sé es que no añoro el «otro lugar», sino un tiempo que se fue, donde los niños —a diferencia de los adultos— podíamos dudar.

La misma duda, u otra parecida, planteo en el relato de un hombre mirándose al espejo que no se ve sólo físicamente.

Conservo en papel los primeros relatos que escribí para la clase. Siguiendo los consejos de Pilar: «¡Abrís una carpeta negra y los vais ordenando con las correcciones!», los fui archivando en una carpeta azul, pero no se me ocurrió ponerlos fecha.

El tiempo no pasa en balde y se fueron acumulando. Necesité otra carpeta, ahora verde y de gomas, en la que acabaron a mogollón: ¡Un desastre! Los dos últimos años los conservo en el ordenador.

El relato del señor que se mira al espejo lo conservo en papel y en el ordenador:

ESPUMA DE AFEITAR

A sabiendas de que ya es suficiente, sigue girando la mano para alargar el calmante placer reencontrado. En el espejo, iluminado por los dos apliques, solo ve sus ojos, la frente y el pelo. Lo demás es espuma: una escultura caprichosa de mármol blanco que la brocha modela y amontona una y otra vez demorando la decisión que ha tomado.

Marcos deja la brocha junto al lavabo, abre el grifo y sopesa la navaja para comprobar el pulso. Corrobora la decisión que tomó por la mañana y con un movimiento seguro rasura una franja desde la patilla. Ya no hay marcha atrás. Los movimientos se hacen precisos, meticulosos pero rápidos. La piel va apareciendo brillante, más de lo que recordaba cuando se dejó barba para conseguir el aspecto de hombre duro que necesitaba como salvoconducto para el trabajo. Nunca se acostumbró a beber ni a decir tacos. «Y ¡Mira que he dicho palabrotas!», recuerda, pero en su boca suenan casi como una plegaria.

Continúa afeitándose. Al llegar al bigote necesita tomar una nueva decisión y hace una travesura de niño: solo rasura hasta la mitad del labio y con la perilla, lo mismo.

Se detiene un instante para recoger los pelos en el lavabo. «Debería haber utilizado una palangana», piensa. Menos mal que su mujer no le ha visto.

Mueve la cabeza a derecha e izquierda mirándose en el espejo como si fuera un juego de dos personas: la cara aniñada de la derecha que pediría perdón dando mil consejos aburridos y la graciosa a la izquierda que recuerda a un Papá Noel. Sin tenerlo previsto su mano recorre la zona sin afeitar retirando la espuma, aparece la barba negra con algunas lagunillas blancas de jabón y canas. Ante sus ojos reconoce al hombre duro que sabe ordenar con voz áspera.

Fantasear es una pérdida de tiempo, él lo sabe, pero no le importa. Debajo de los ojos, esos que le sirven para amenazar, esos que también lloran de impotencia escondidos en los cuartos de baño, hay dos medias caras de dos hombres distintos: «el de casa y el de fuera», se dice, o tal vez el que tiene dudas y el que cumple órdenes.

Le gustaría retroceder cinco minutos. Se arrepiente de la decisión que tomó al levantarse: con esta pinta de niño no le van a respetar «¿Cómo se sentirán las mujeres en esta profesión tan viril?

¿Qué tendrán que demostrar?», piensa. Pero ya no hay remedio. Por un momento, Marcos se ve abocado a pasar desapercibido, a regar las plantas y hacer los recados «¡No pienso fregar la cafetera del despacho!», masculla con ironía.

Enjabona de nuevo la brocha y sin dejar de mirarse a los ojos extiende la espuma cubriéndose el resto de la barba. Esta mitad es más problemática por la cicatriz, el famoso agujero de la bala cuando impidió el atraco «¡Vaya valor le echaste!», le siguen recordando, sin saber que el miedo y el pánico como la espuma de afeitar desaparece sin dejar rastro visible para los otros. Le dieron una medalla, contribuyó a su ascenso y le convirtió en un líder, esa cuerda floja en la que solo cabe uno y a la que muchos lobos pretenden subir a dentelladas.

Pero Marcos no tiene ojos de líder, a él le gusta relajarse en casa viendo la televisión o fregando tranquilamente los cacharros, sabiendo que está en el refugio donde puede expresarse como quiere; obedeciendo un poco a su mujer después de dar tantas órdenes. Le miran sus dos caras, la aniñada y la dura, que ríen con la misma boca, sueñan con la misma mente y miran con los mismos ojos. No se arrepiente de la decisión porque su hija ha hecho el gesto de retirarse al darle un beso: «¡Picas, papá!».

—¡Acabemos ya! —se dice irritado—. Es solo afeitarse la barba.

La identidad es una pregunta que planea en infinidad de obras literarias y muchos de los relatos que he escrito. Podría decir que está en el centro de la caldera del caos donde se encuentran todas las obras escritas y las todavía por escribir agitando ideas, esperando a ser pensadas y convertidas en un relato o una historia contada, sea verdad o mentira.

La idea del hombre y de la mujer también podemos encontrarla en el interior de la marmita: cómo piensan, hablan, se atraen o se repelen, e interactúan con el mundo.

Pero en el coloquio no solo tratamos del fondo de los relatos sino que analizamos la forma de escribir de los distintos autores: directos, agresivos, dulces, escuetos o con profusión de datos, creando una intriga, sugiriendo metáforas o símbolos.

¿Escribir bonito o profundo? ¿Divertir, compartir una emoción o una ilusión?, son decisiones que se van tomando a medida que se escribe.

Una historia recién sacada del caos es como una hebra de hilo enmarañada que parece no tener principio ni fin y solo cuando se ordena con suficiente énfasis se convertirá en un relato. Es como los chistes, que mal contados pierden la gracia.

Después de destrozar muchos relatos fui descubriendo que necesitaba ahondar en la técnica. «Si no hay metáfora no hay arte», repite a menudo Pilar y nosotros intentamos idear alguna y disfrutamos paladeándola antes de descubrir que los buenos escritores en las buenas obras no necesitan muchas metáforas sino pocas, buenas y colocadas en el lugar adecuado.

El siguiente relato lo escribí, al menos, dos años más tarde que el de «Espuma de afeitar» y, aunque las preguntas no lleven interrogación, son difíciles de responder:

MIENTRAS ELLA DUERME

Los primeros ruidos del despertar de la ciudad se enredaron en sus oídos. Todavía dormido, notó que la madera barnizada y el metal no estaban en su mano que se cerró con fuerza. El dedo no encontró donde apoyarse y de un salto se sentó en la cama.

Asustado, vio que una luz pobre entraba entre las lamas de la persiana y comprendió que solo era el ruido del traqueteo de un cubo de basura que algún portero arrastraba. Expulsó lentamente el aire de los pulmones, como le habían enseñado. Puso la mano extendida sobre el muslo para dominar el temblor y respiró profundamente varias veces hasta relajar la tensión de los músculos. «Allí deben ser las once», pensó después de mirar el reloj. Su mujer dormía desarropada a su lado.

Estuvo tentado de volver a acariciarla ¡Había añorado tanto aquel cuerpo!, pero pensó que la despertaría. Se limitó a contemplar el pelo negro enmarañado sobe la almohada y la cara blanca con la fuerte nariz que animaba las demás facciones. «Ella se suele quejar de que es huesuda y grande —pensó—, pero si no fuera así, a la cara le faltaría algo».

«Tardarás siete días en acostumbrarte —le dijeron—, te recomendamos que no vuelvas a casa porque el regreso es mucho peor. La gente suele volver tocada. Lo sabemos por experiencia» ¿Pero a donde iba a ir después de cuatro meses soñando con abrazar a sus hijos? Podía hablar con ellos desde la centralita seis minutos al día, y otros seis al siguiente y otros seis durante cuatro meses rodeados de la empalizada, oliendo el desierto, al acecho de cualquier ruido extraño.

Se tapó la cara con las manos y recordó el día anterior, la llegada: «¡Hueles, papá!», dijo el pequeño colgándose del cuello, y la niña agarrada a sus pantalones pedía su turno gritando: «¡Papá!, ¡papá!». Había dado un estirón. Pensó que se le habían quedado las piernitas como "alambrijos". La mujer, alta, morena, intentó no descomponer la figura con el llanto y los cuatro se fundieron en un abrazo sin cerrar la puerta: ahí estaba la felicidad, lo demás no existía porque él estaba en casa después de cuatro meses.

«¡Estás más delgado!», sentenció su esposa y él la besó. Los cuatro entraron y fue descubriendo lo que siempre había estado allí: el brillo del parqué, los libros ordenados en la estantería, la mantita de cuadros sobre el sofá y más besos, muchos besos «¿Me leerás un cuento cuando me acueste?» Y las cosquillas del niño que se retorcía entre sus brazos dando patadas. «¡Mira mi muñeca, papá!», enseñó la niña con los ojos muy grandes que le ocupaban casi toda la cara. Un nudo en la garganta le impidió decirle lo bonita que era y solo pudo acariciarle el pelo. «Pero eso fue ayer», se dijo sentado en la cama, mirando a su mujer dormir con el camisón verde esmeralda de tirantes que él le regaló «¿Cuánto tiempo hace de aquello?»

Con placer, se quedó escuchando la respiración pausada de su esposa. Allí estaba la paz. «¿Qué estará soñando?», se preguntó antes de recordar la noche anterior: habían hecho el amor dos veces. La primera con desesperación, como dos desconocidos. La segunda vez con calma. Los suaves pechos blancos le recordaron las colinas que veía las noches de luna llena desde la garita de guardia, cuando vigilaba cualquier movimiento extraño de donde pudiera venir el peligro. Pero no dijo nada, quería centrarse en lo que le rodeaba y en el cuerpo mullido que iba redescubriendo —aquel que en su memoria tuvo bordado en relieve durante cuatro meses—, notando la plenitud y el vacío al que se precipitaban.

«Quince días y ya solo quedan catorce», pensó. Cerró la mano derecha sin encontrar el tacto de la empuñadura. Se acarició la yema del dedo índice con el pulgar, sin encontrar el tacto metálico del gatillo. Un coche pasó despacio por la calle y distinguió que el ruido era distinto al de las ambulancias blindadas de evacuación. Tenía que acostumbrarse. No podía asustarse por cada ruido.

Necesitaba recuperar los valores. Allí, donde la vida vale menos que el soplo de una bala, tuvo que olvidarlos, sustituirlos por otros porque todo barbudo puede ser un peligro, bien lo sabían. Habían ido a ayudar pero también a temer «¿Cómo se pueden distinguir unos de otros cuando de ello depende la propia vida y las de los compañeros?»

Muchas veces se ha preguntado qué hacen allí y la única respuesta es: «por la globalización». Porque unos señores con corbata, movidos como marionetas de otros —por hilos invisibles—, se habían reunido en Bruselas, Nueva York o Lausana y habían decidido que aquella guerra era justa y debía ir un contingente. Un contingente dentro de la empalizada, escuchando bravuconadas de los compañeros, oliendo al mismo detergente de la misma lavandería y riendo los mismos chistes malos, porque necesitaban estar unidos para diferenciarse de los con turbante. «Pero aquí es distinto —pensó—, en tres días los cuatro oleremos al mismo jabón y volveremos a ser una familia igual que todas las familias».

Y entonces ella se giró, abrió los ojos, sonrió alargando la mano. Él se inclinó para besarla y notó que pertenecía a este mundo, les pertenecía a ellos: le quedaban catorce días.

Las prácticas con la escritura de conversaciones fueron largas y divertidas. Al principio las ponía entre comillas seguidas de una coma y *dijo* o *respondió, grito, espetó, contestó* o palabras similares. Las rayitas (guiones largos) que suele aparecer en las novelas eran una tentación y los jubilados somos gente osada.

Busqué una conversación atractiva y quedó bien con guiones, con la ventaja adicional de poder incluir frases y acotaciones del narrador. El problema era dónde colocar las acotaciones ¿Nada más empezar para que el posible lector supiera quién habla? O al final para comentar la acción que seguía avanzando. El resultado, como dice la profesora: «es cuestión de equilibrios». También lo es, saber cuándo recurrir a conversaciones para que el relato avance y no se limiten a charla insulsa o graciosilla.

Al buscar algún relato con conversaciones he encontrado uno en el que tengo anotado a lápiz: "teoría del iceberg de Hemingway" (Pilar lo pronuncia en ingles con los sonidos vocales de ellos). Fue un intento de dejarme influir por los textos que comentábamos en clase (o leía por mi cuenta), en este caso: «contar una historia y dejar imaginar otra más grande que corresponde a la parte del iceberg escondido debajo del agua». Recurrí a un narrador muy lejano sin hacer referencia a los sentimientos, solo mostrando gestualizaciones y diálogos para que el lector las interpretase:

JUNTO AL LAGO ESMERALDA

Un coche azul frena bruscamente en la carretera, gira precipitadamente hacia el aparcamiento del lago y se detiene atravesado entre las líneas de estacionamiento. Con rudeza sale el conductor y se dirige hacia la puerta de atrás. La abre y grita:

—¿Desde cuándo lo sabes?

Solo se escuchan dos ladridos agudos de perro pequeño.

—¿Cuándo pensabas contármelo? —repite agresivo el hombre fofo de gafas rotundas.

—Ahora no puedo—responde una voz de mujer.

El hombre se mantiene firme sujetando la puerta. La mujer comienza a salir. Rubia, de mediana edad, con un vestido naranja. Guapa en su madurez. También se abre otra puerta del coche y baja un joven alto de pelo castaño. Por la puerta de atrás salta un perrito faldero blanco que corretea junto al conductor.

—Se ha acercado a mí mientras te esperaba, no me acordaba de él... —dice la mujer.

El hombre empuja al perro con la pierna y el perrillo se esconde entre las piernas del joven.

—Ten cuidado con *Chispa* no vaya a escaparse hacia la carretera —dice la mujer al joven.

—¿Cuándo? —grita de nuevo el hombre encarándose a la mujer.

El joven se acerca. Una nube apaga la luz del lago enrabietado por el aire frio. Silban las jarcias de los veleros amarrados.

—Ahora no es buen momento. Te lo contaré todo... —dice la mujer sin mirarle, con voz hipotecada—. Se me acercó mientras os esperaba.

—¡Mentiras!, siempre inventando mentiras —gesticula el hombre con ambos brazos y los puños cerrados.

—No te miento. Me has hecho feliz estos veinte años y no te he mentido...—dice la mujer con la cabeza inclinada.

—¿Y lo de hoy? —el hombre de cara hosca, da un paso hacia ella quedándose a pocos centímetros— ¿Desde cuándo te ves con ese individuo?

Ella lleva la mano pacífica hacia el hombro de él, que reacciona con un manotazo como espantando una avispa. El joven se acerca, los separa.

—Ya te ha dicho mamá que ha sido casual —dice el joven.

Extiende la mano hacia el hombre con calma pero con autoridad, enfrentándose a él con la mirada.

—Dame las llaves, papá. No estás en condiciones de conducir.

El hombre le entrega la llave dejándola resbalar entre los dedos. El perrillo corretea alrededor, ladra. Una racha de aire abofetea los árboles.

—Papá, papá... —dice el hombre despreciativo entre dientes.

—¡Sí!, ¿quién me enseñó a dar volteretas?, ¿quién me explicó las matemáticas?, ¿quién miraba preocupado cuando me operaron?

El sol está volviendo a salir arrancando brillos de alfanjes a las olas enrabietadas. El hombre se da la vuelta, mira al lago. El perillo se le acerca.

—Déjame en paz, *Chispa* —grita restregándole el morro con el zapato.

El perro lloriquea; se coloca entre las piernas de la mujer.

—¡Los dos al coche! —ordena el joven— Tenemos muchas cosas que hacer.

—Ahora entiendo las urgencias de la boda —espeta el hombre mirando a la mujer.

—Fue hace muchos años, no tuvo importancia —se disculpa ella.

—¡He dicho que los dos al coche! —se afirma el joven.

El hombre parece obedecer y se dirige al asiento del copiloto, va rezongando:

—Yo, el gafotas, con la rubia más guapa del barrio, me sentí tan feliz...

Ella sube al asiento de atrás y llama al perro dándose unos golpecitos en la falda:

—¡*Chispa*!, ven, ¡*Chispa*!

El perillo salta dentro. El sol ha iluminado el paisaje y otra racha de aire agita los árboles y el pelo del joven.

—Vamos, papá —invita al hombre —. Toda historia tiene muchas historias, siempre me lo dices...

—Los mismos ojos, la misma nariz del asqueroso individuo —sigue rezongando el hombre mientras se sienta en el sitio del copiloto.

El joven cierra la puerta. El coche azul arranca, se incorpora a la carretera y se aleja. El lago se encabrita en soles y esmeraldas.

No he dicho que el taller al que asisto pertenece al Centro Municipal de Mayores Infante Don Juan del distrito de Moncloa-Aravaca.

Llegar a la hora en punto utilizando el transporte público suele ser complicado. Muchos días, antes de entrar en clase, los que llegan pronto (alguno a posta) van a la cafetería: primero uno, que se pide un café (casi todos descafeinado) y una porra. Elige mesa; nos gusta cerca de la ventana. Llega el segundo, también pide el café y como las porras, tan ricas, suelen ser contagiosas, lo acompaña de otra. El tercero, que a pesar de la edad tampoco tiene colesterol en ese momento, pues lo mismo.

Poco a poco se va llenando la mesa a la que vamos agregando sillas hasta terminar ocho o nueve comensales ampliando el círculo, charlando y riendo sin nombrar el relato ni el título del libro a comentar. De pronto alguien dice: "la hora" y con calma nos vamos levantando para caminar hacia el aula. En ese corto trayecto volvemos a ser los compañeros de clase dispuestos a ver, impacientes, cómo en la gran marmita cuece y se agita el caos propuesto por el autor del libro, por la profesora o por nosotros mismos.

Hay un relato que escribí al poco de haber leído *el Aleph* de Borges. En absoluto quiero compararlo, porque Borges es uno de mis autores predilectos, pero recojo de él el encadenado de conceptos separados por comas. Imitar, como en los niños, es una forma de aprendizaje.

El relato simplemente pretendía trasmitir un recuerdo de niñez:

REGRESO A LA INFANCIA

El principio de la historia no lo recuerdo, creo que estaba en la cocina regando las plantas de la ventana con un pequeño cazo y bebí de él.

El aroma metálico del agua me transportó al olor del cacillo de porcelana roja y blanca al que, para beber, echábamos el agua desde los cantaros de la alacena en el pasillo de la casa de la abuela, a los cantaros que cargábamos en las aguaderas del burro para llenarlos en la fuente, al olor a madera de abedul y de encina, a mi infancia, al niño en pantalón corto sobre el piso de lanchas de granito bajo la bombilla desnuda colgando del cable retorcido, al frescor de la casa y la luz intensa que entraba por la parte superior de la puerta.

Me asustó la voz de mi mujer «¿Qué te pasa?» y aquel mundo se desvaneció. Me encontré de nuevo en la cocina con el cazo en la mano. Por segunda vez me abandonaba aquel mundo de inocencia donde todo era nuevo y posible, en el que cada instante era absolutamente divertido o infinitamente tedioso y las cosas eran verdad o mentira, sin matices.

—Nada —respondí saliendo de la magia.

—¿Seguro? —volvió a preguntar.

—Seguro —volví a huir abriendo el grifo para llenar de agua el cazo. Teníamos demasiadas cosas «importantes» que hacer para andar perdiendo el tiempo en explicaciones.

Como el que sigue dando cuerda a un reloj averiado, muchas veces he intentado regresar a la infancia, pero solo he conseguido saciar la sed.

Antes, hablé del espacio físico en que se desarrolla el relato y la influencia que pueden tener la meteorología cuando por ejemplo llueve o es de noche: el ambiente.

Influye el tiempo meteorológico, pero también lo hace el tiempo de reloj: ¿Cuántos renglones se necesitan para que pase un año en un relato? Depende, por ejemplo en: «Al año siguiente volvió en un imponente descapotable» en un sólo renglón ha pasado un año (independientemente de la intriga que pueda plantear cómo se hizo rico). Pero si queremos evocar la sensación del aburrimiento que transita por el protagonista y queremos que sea el propio lector el que lo descubra, habrá que aportar detalles y hechos en varias hojas. También, para resaltar un momento crucial del relato o del protagonista es necesario puntualizar muchos detalles y matices aunque el hecho haya ocurrido en un solo instante. Son muchas las técnicas usadas para que el relato, pareciendo discurrir en sucesión temporal, pueda enfatizar unos tiempos importantes de otros que lo son menos.

Para la semana en que escribí el siguiente relato había que describir un viaje a algún sitio exótico. Me suele ocurrir que cuando quiero contar un viaje acabo pareciéndome a una guía turística por lo que intenté hacer algo diferente aprovechando que cuando nos jubilamos no nos quitan la fantasía, solo la mesa de trabajo.

VIAJE A LO DESCONOCIDO

Supe que estaba atrapado en el laberinto desde las primeras palabras del libro: «Nadie lo vio desembarcar en la unánime noche, nadie vio la canoa de bambú sumiéndose en el fango sagrado». Me había pasado otras veces en bibliotecas hexagonales de Babilonia o en los jardines que se bifurcaban.

Comencé a avanzar por aquel mundo oriental —las canoas de bambú siempre lo son— y mágico como los fangos sagrados. Corrí por la selva acompañando al protagonista renglón a renglón. Ya no existía mi butaca ni la lámpara, solo el recinto circular que corona un tigre o caballo de piedra y el protagonista con el que me iba identificando. Pasé páginas con avidez mientras me empapaba en las trampas que el futuro me ponía y de pronto, escuché el urgente «pi-pi-pi» de la lavadora.

Leí deprisa hasta el siguiente punto. Con desgana, puse el marca páginas para no olvidar por dónde iba. El marca páginas publicitaba un crucero de lujo y pareció insultar a la selva palúdica profanada en la que estábamos sumidos.

Me levanté para atender los requerimientos de la lavadora que de nuevo repetía el imperativo «pi-pi-pi».

Estaba llena hasta los topes y al abrirla el olor a limpio inundó la cocina y mis pulmones. Tuve que desenredar las toallas y algún chándal que utilizaba las piernas para abrazar descuidada pero certeramente a aquellas. Solo me faltaba conseguir una equilibrada distribución de las cuerdas: primero las toallas grandes ordenadas por colores ¡Que bonitas las naranjas con las pinzas fucsia! La selva tropical desapareció ante la ligera estética de los cromatismos alineados: eran colores ondeando, no toallas.

Miré la hora, tenía tiempo. Volví al salón y a mi sillón, me esperaba el libro amarillento como una de las toallas que acababa de tender. Abrí por el marca páginas y retrocedí unos párrafos para imbuirme de nuevo en la historia y convertirme en el protagonista: «En el sueño del hombre que soñaba, el soñado despertó». Ya había penetrado en las ruinas circulares que en los albores del mundo fueron un templo hasta que las llamas lo devoraron. Soñé que, internándome en el laberinto de sueños que el autor proponía, ayudaba al protagonista a modelar a su heredero.

Al llegar a la última página todavía no me había sido desvelado nuestro futuro —como tantas veces hizo Jorge Luis en la Pampa, en alguna hacienda donde se hablara lunfardo o en un cafetín de Lugones—. Ya solo quedaban seis renglones para llegar al punto final y seguía sin intuir mi destino. Tuve vértigo. Pensé cerrar el libro e imaginarme algún final propicio para el protagonista —que era yo—, pero el autor me tenía atrapado y sucumbí a su magia.

De los infinitos finales posibles que flotaban en mi cabeza, en los que el protagonista —y yo con él— tropezábamos con algo mágico en la selva palúdica, solo uno —que nunca hubiera imaginado— fue el elegido por Borges, al que yo, en unos instantes de ensoñación, soñé con suplantar en el final de *las ruinas circulares*.

No era la primera vez que describía un escarceo con intromisiones del narrador, el protagonista y el autor, pero en esta ocasión era sobre una obra concreta.

Un relato semanal durante cuatro o cinco años son muchos relatos. También son muchas horas comentando obras literarias sin que se hagan aburridas (alguna ha resultado infumable).

Aprovecho para nombrar autores que fuimos leyendo, aunque la lista no puede ser exhaustiva: Alice Munro, Willian Trevor, Doris Lessing, Philip Roth, Jonh Berger, Marisa Madieri, Luis Landero, Chejov, Tove Ditlevsen, Anne Tyler, Benito Pérez Galdós, Murakami, Martín Gaite, Javier Marías, Tabucchi, Scott Fiztgerald, Coetzee, Ian McEwan, Margerita Duras, Cortázar, Sandor Muray, Peri Rossi, Natalia Ginzburg, Juan Rulfo, Hemingway, Toni Morrison, Salinguer, Elizabeth Strout, Lucia Berlin, Nabocov, Amos Oz, Rafael Chirbes, Cheever, Pio Baroja, Katherine Mansfield, Carmen Laforet, Charlote Brontë, Jumpa Lahiri, Kundera, Virginia Woolf, Jonh Banville …

Enlazando con el principio de este comentario, recuerdo que un jueves tuvimos que escribir un relato que debía acabar con las mismas palabras que *El mar* de Banville, aunque sin imitar o parodiar la novela.

Escribí este:

ENTRE LA NIEBLA

«Una enfermera vino a buscarme, me volví y entré siguiéndola, y fue como si me estuviera adentrando en el mar profundo y misterioso en que se había convertido mi vida». Sugerente frase para acabar un relato, pienso después de releerlo dos veces.

Necesitaré una mujer que diga esta frase... una joven, o mejor madura pero que sea valiente. Vivirá con un hombre sin estar casada en una época en que ni esté bien visto ni consentido ¿Entre los puritanos americanos?, estaría bien; pero mejor en Canadá, llevará pomposos trajes de mujer que permitan descripciones coloristas y los hombres: los uniformes rojos... ¡No!, será en España en los años sesenta, con las faldas plisadas hasta la pantorrilla y las rebecas de interminables filas de botones.

De pareja le pondré a un hombre apuesto, mandón, resolutivo y agradable; agradable y demasiado trabajador. Le llamaré Alberto (a ella no le pondré nombre porque el relato tiene que ser contado por ella). El trabajo será la primera prioridad en la vida de Alberto ¿Tal vez debería ser algo chulo y ligeramente machista? Haré que se le note por la forma de mirar a las mujeres y en alguna farra con los amigos dirá entre coñac y coñac: «No pienso casarme, ¿para qué ponerme grilletes de por vida?», cuando en realidad es ella la que no se decide a dar el paso.

Ella no sería infeliz, ni renegaría de su sino. Pongamos que es una buena secretaria ya que es una mujer trabajadora y estaremos en los sesenta. Pero estaría empezando a notar que ya había pasado el sueño de «en un lejano país, hace mucho, mucho tiempo» de todos los cuentos de princesas y hadas. Lo de «fueron felices» habrá ido decreciendo. Sobre comer perdices, nunca le gustaron. Por eso ella necesitará un amante. Será un compañero de trabajo rubio, guapo y simpático ¡Mejor no!, porque con esa apariencia resultaría agotador competir con demasiadas compañeras persiguiéndole a todas horas.

Será alguien con la nariz anodina, tímido ¿Casado?... es indiferente, aunque los ojos deberán saber mirar, eso sí es importante.

¿Un amante? ..., lo que ella en realidad necesita es un amante platónico. El sexo le es indiferente porque piensa que es el peaje a pagar para vivir en pareja: siempre le fue igual martes y sábados o miércoles y domingos. Lo que ella necesita es un compañero para poder sentarse acompañada en un banco frente al estanque y desmigar las tardes lanzando trocitos de pan a los patos. Los dos en silencio notando que el otro está a su lado mirando el mismo lago y a los mismos patos; y compartir una sonrisa cuando algún trocito acierte en la cabeza de un pato atrevido, que ofendido gritará un nasal «cuaaaa».

El relato necesitará un final. Algo que sea romántico. Circularán por una carretera en una noche de niebla. Todo habría desaparecido a su alrededor en grises húmedos y solo sería real lo que iluminan los faros. Verían surgir de la nada las líneas blancas pintadas en el asfalto a medida que avanzan. Ningún otro coche circulará por la carretera. Estarán cerca de alguna ciudad porque ven farolas encendidas rodeadas de halos esféricos, turbios luminosos que irán quedando atrás y olvidados a medida que el coche pasa de largo ¿Van hacia la ciudad buscando algo o se están alejando para huir?, eso no importa, es un instante, la felicidad es siempre un instante. El espacio borroso flotaría en una especie de silencio ¿Silencio?, ¿he dicho silencio?: «¡El conductor no puede ser Alberto!», pensará la protagonista porque él habría puesto música, habría dicho con su voz atractiva y grave: «este paisaje necesita una balada galaica interpretada por una voz femenina», ¿sugerente?, sí, Alberto es preciso con las palabras, diría: «...interpretada por una sugerente voz femenina». El coche seguiría atravesando en veloz quietud la niebla, la magia —el amor siempre tiene algo de magia—. Ella no se atreverá a leer la carta que ha guardado en el bolso, ni mirar al conductor para averiguar quién es, porque se disiparía el hechizo.

Y acabaría el relato, después de una elipsis, con aquella frase reflexiva en que ella recuerda: una enfermera vino a buscarme, me volví y entré siguiéndola, y fue como si me estuviera adentrando en el mar profundo y misterioso en que se había convertido mi vida.

Ya he contado que después de la carpeta azul, compré una de gomas con forma de caja (de color verde traslucido). Abría las gomas y ponía encima el siguiente relato. Aparentemente estaban ordenados por fechas.

Al buscar alguno mío o de algún compañero que hubiera decidido guardar (a clase, además de llevar un original para nosotros y otro para la profesora, llevamos unas copias que distribuimos entre los compañeros para que sigan la lectura), empezaron a descolocarse y decidí clasificarlos en el ordenador por temas: infancia, adolescencia, románticos, vejez, personales etc.

Los de la infancia me parecen tiernos por la mirada limpia del protagonista, aunque me cueste desprenderlos de nostalgia. Cuando los pienso y escribo, suelo situarlos en algún lugar concreto que conservo en la menoría. Los personajes se mueven por aquellos paisajes que normalmente no describo. Al releerlos, mi mente suele llevarme a los mismos lugares que inicialmente pensé. Los lectores, por falta de descripción, probablemente los lleven a lugares que conservan en su memoria, pero eso no importa, leer tiene algo de imaginar, incluso contribuye a que la aventura del personaje resulte más real. Algunos dicen que se universaliza, pero a mí me parece que es una palabra demasiado importante.

De la infancia hay algunos relatos un poco crueles como el siguiente:

SONIDOS DEL SILENCIO (Simon & Garfunkel)

¿Qué podía hacer? Nada más llegar al escaparate "el Rana" había dicho: «¡Me pido esto, eso y el camión de bomberos!». "Fede" replicó: «¡Me pido todo el escaparate!». A lo que "el Rana" contestó: «¡Eso no vale!, me lo pido yo, que para eso mi padre es guardia civil y llama o todos los guardias y ... ¡Me lo pido yo!».

—¡Pues mi padre es militar! —dijo "Fede", al que aún se le veía la descalabradura en forma de "V" invertida en medio de la cabeza esperando a que el pelo le creciera—, y llama a todos los militares que pueden más.

—Pues el mío es ingeniero —dije—, uno de los mejores ingenieros del mundo y conoce a los gobernadores que mandan más.

El "Rana", bajito y moreno, me echó el brazo por el hombro y seguimos caminando, dejando los juguetes en la juguetería para posibles compradores. Hacía frio en la calle.

Mi padre sí era un gran ingeniero, al menos eso decía mi madre y ganaba mucho dinero porque me acababa de regalar una bicicleta. Teníamos televisor y todos los años íbamos de vacaciones a un hotel. Mi padre era alto y guapo; daba gusto verle en la fotografía de la boda junto a mamá, los dos sonrientes, ella con el vestido blanco de cola y un ramo de flores en la mano, él con un traje negro y pajarita. Mi madre me decía que trabajaba en América en unas obras muy importantes.

Un día, poco después de que el camión de bomberos desapareciera del escaparate, yo estaba zascandileando en la huevería antes de pedir porque en la radio sonaba una canción que me gustaba, aunque no supiera el título y "la señá Paula", que solía ser muy cariñosa con los niños, mirándome con ojos redondos me dijo: «¡Mira, tu padre ha salido en una revista! ¿Estarás contento?» y me señaló una fotografía donde aparecía mi padre con perilla junto a una señora alta en el jardín de una casa. Ambos sonreían. En el pie de foto ponía: «El ingeniero español posa delante de su vivienda en California». Apenas pude verle, se me nubló la vista y salí corriendo. Corrí solo hacia ningún sitio. Nadie podía imaginarse lo que había deseado que alguna vez viniera a verme, en vez de enviarme aquellos regalos que mis amigos envidiaban.

Con el tiempo aprendí que la canción se llama *"sound of silence"*, dicen que es muy buena. Al "Rana" y al "Fede" tampoco les gusta.

No he comentado la alegría que siento cuando acabo un relato que me gusta, y, al leerlo en clase, una especie de miedo a que a los otros no les parezca bueno: es como volver a la adolescencia ¡Qué bonito volver a la adolescencia a mi edad!

También se regresa a la adolescencia o a la infancia al pensar y tratar de recordar detalles de aquella época para escribirlos. A veces, plasmo recuerdos de los veranos en Mesegar (el pueblo de mi padre) que casi rozan lo personal. Muchos de mis primos que vivieron esas anécdotas podrán pensar que no ocurrieron exactamente así, pero son simples recreaciones. Tengo escritas otras historias verdaderas y personales que no incluyo aquí a las que no di forma de relato porque carecen de final concreto o no forman una entidad independiente pues los afectos perduran. Las aventuras de un día no suelen desaparecer con el sueño de la noche y se regeneran a la mañana siguiente.

Escribí el siguiente relato para la clase de Granada, de la que luego hablaré. El reto era compendiar infancia y adolescencia en cuatro folios. Escribí:

MIENTRAS LLUEVE

El mundo —recuerdo bajo el paraguas— era feliz y las verdades, absolutas. Eran verdades que conocían papá y mamá. Papá las conocía mejor, porque mamá, cariñosa, muchas veces decía: «cuando venga papá se lo preguntamos». Papá, menos de acariciar, jugaba con nosotros al volver del trabajo: nos levantaba en vilo y nos lanzaba al aire. Primero a mi hermano. Yo le veía reírse mientras subía antes de que mi padre volviera a recogerlo «¿Y a mí? ¿Y a mí?», pataleaba yo nervioso. Luego llegaba mi turno de reír, de desternillarme, de sentir el vacío de volar. Con mi hermana imitaba los movimientos pero sin llegar a soltarla de una pierna: era la pequeña y también reía sin enterarse de que lo suyo era de mentirijilla.

Mi padre, con los primeros mechones de canas en las sienes, repartía el cariño equitativamente (luego he oído que a ella la quería más porque era la deseada, pero nunca lo noté ni creo que fuera verdad). La equidad en el sentido clásico de la palabra: lo mismo para cada uno, independientemente de los merecimientos, porque él era constante, indiferente a los sinsabores y creía en la justicia.

La lluvia arrecia. Un coche pasa despacio y salpicando. Espero en la acera de enfrente por el peligro de los coches. A través de los cristales de la puerta de entrada veo movimiento sin llegar a distinguir quienes son. Hay más gente esperando como yo, sobre todo madres. Miro el reloj, deben faltar cinco minutos, aunque siempre se retrasan.

Mi madre era más emocional y menos zaragatera. Confiaba en la justicia impartida en el Juicio Final, incluso antes de que este se celebrara: «Dios no castiga con coscorrones», decía a menudo, como su madre. Muy de defendernos, muy cariñosa. A veces nos amenazaba: «Cuando venga papá se lo voy a contar», y nunca se lo contaba. Eran dos mundos complementarios.

La lluvia sigue tamborileando sobre el paraguas, su «toc-toc-toc» repetitivo y constante me trae a la memoria el trotar de la burra por el camino:

«No te vayas muy lejos que tienes que llevar la comida a los segadores», me habían dicho aquella mañana en el desayuno. Iba a hacer un mandado, mi primer mandado. Tantas cosas me decían… «Ten cuidado en la esquina de la portada que hay avispas», «no te asomes al pozo que el reflejo atrae a los incautos», porque yo era un niño de ciudad que había ido al pueblo.

La severidad de la mirada de la abuela Eusebia, enjuta, toda de negro con el moño canoso, me preguntó como un latigazo: «¿Sabrás? Es el mismo camino que cogisteis ayer, desde la herrería y todo seguido, primero bajar y luego subir hasta que empieces a bajar, y al cruzarte con un camino importante, los veras un poco a la izquierda, ¡ya has ido dos veces!, ¿te acuerdas?». Mi tía respondió por mí: «¡Que siiií, madre!, sí se acuerda, se lo acabo de preguntar yo».

La burra dio dos fuertes rebuznos «uh-jaaaah», «uh-jaaaah» al salir conmigo encima. Las tres mujeres muy juntas me miraban: «¡Coge el palo y no vayas muy deprisa ni te salgas del camino!», me gritaron por despedida.

Bajé por la calle empedrada hasta la herrería, erguido, el sombrero de paja calado, la vara en la mano y la otra agarrada a la albarda junto a las alforjas de lona a rayas rojas, azules y blancas donde iba el puchero de los garbanzos, algunas cebollas, un cantarillo, una hogaza que rezumaba olor, la tortilla y no sé cuántas cosas más.

El camino de siempre comenzó con una curva empinada. A derecha e izquierda campos de trigo segados con puntiagudos rastrojos en tonos cobre viejo entre surcos desmochados, con encinas aquí y allá. El terreno ni subía ni bajaba.

Miré hacia atrás ya no se veía el pueblo, solo un pastor con sus ovejas y dos perros grandes. La burra seguía a su ritmo, yo trotaba sobre la albarda bajo un sol que quemaba los campos. Al frente no aparecía ningún camino importante. La burra seguía su trote «toc-toc-toc» por la vereda en curva, encinas esparcidas entre trigales segados siempre iguales. Ni rastro de los chopos que recordaba junto a la dehesa donde segaban mis tíos. El tiempo se alargaba. Recordé que junto a la curva de la herrería, un poco a la izquierda del camino, junto a las piedras había visto un recodo, pero no podía ser...

Más trote de la burra arañando la tierra blanquecina, más soledad entre los rastrojos, el tiempo largo, casi infinito. El sol dibujaba sombras bajo las encinas. La duda se me iba introduciendo en el estómago. «Hasta aquella curva», me dije: «puede ser que no me haya equivocado» y luego «hasta aquella otra junto a las dos encinas». Era imposible y la burra con pasos rápidos alejándonos, era imposible: «seguro que era el otro camino», se me formó un nudo en la garganta y la burra con su «toc-toc-toc», cabeceaba para espantarse las moscas y continuaba alejándome del pueblo.

Desde las dos encinas vi otra curva cercana. «La última», pensé casi líquido. Y de pronto apareció el otro camino y los chopos, «¡Siempre he estado seguro!», me dije alegre con la mano levantada, sudada de tanto apretar la vara.

Los hombres trabajaban con hoces y guadañas, reconocí a uno de mis tíos. Llegué al camino grande, la burra torció sin que yo hiciera nada y entré triunfal: erguido sobre la burra con la comida en las alforjas, sabiendo que habían hecho bien en confiar en mí: un niño de ciudad. Mis tíos levantaron la mano. No me dieron un beso porque eran hombres: un beso al comenzar las vacaciones y otro el día que regresara.

Justo lo contrario que en casa de mi abuela materna, Isabel, conformista con la desgracia, el rosario siempre en la mano, viuda joven con cinco hijos: «puedes bajar a jugar a la plazoleta, pero no te alejes de donde podamos verte desde la ventana» y luego una ristra de sonoros besos.

Durante mi infancia nos mudamos varias veces de ciudad persiguiendo los trabajos de mi padre. Los muebles, que a duras penas se adaptaban a las nuevas habitaciones, seguían sirviendo, unas veces apretados, otras dejaban espacio para jugar a la pelota.

Yo siempre conservaba a mi mejor amigo para seguir peleando, que era mi hermano, un año mayor que yo. Los demás se conseguían fácilmente: bajábamos a la calle, nos acercábamos a algún chaval y mi hermano decía: «Hemos venido a vivir al segundo ¿Jugamos a algo?» y estrenábamos nuevos mejores amigos. Hasta que un año me separé de mi hermano. Ya usábamos pantalones largos y teníamos pandillas diferentes.

Aquel verano se empeñó en que le compraran unos botines puntiagudos que decía que estaban de moda. Se mostró pesado y pesado —tanto que casi me puse del lado de mis padres— y al final logró que se los compraran. Pero los pies crecen y al año siguiente me tocó heredar aquellos botines feos con avaricia, auténticos barcos de pescador desconchados. Ninguno de mis amigos llevaba nada similar. Fue la primera vez que persistí en el «no» de forma rotunda. Dejaba de ser el niño obediente que siempre cedía con una coz verbal para compensar cada sacrificio. Las cosas cambiaban.

A menudo me he preguntado—pienso mientras veo salir por la puerta de cristal a una clase que debe ser de bachillerato con las mascarillas puestas, sonriendo por los ojos, alborotando, gamberreando con las mochilas y disgregándose en pequeños grupos. Ahora solo chispea—: «¿Por qué, en la adolescencia, nos unimos con unos y no con otros?»

Hacía años que no íbamos a veranear al pueblo. El bozo cubría mi labio superior y ella era poco habladora. Recuerdo que tenía la mirada esquiva ¿Por timidez, por rencor hacia el mundo? Lo compensaba siendo guapa, muy guapa con la promesa de mujer que maduraba. Se llamaba Amalia y ese verano lo estaba pasando con su tía. Vivían en el 27, un edificio de ladrillo rojo con las ventanas en arco y rejas en los balcones.

Aparentemente provocadora era reservada, nunca llegué a saber con seguridad qué pensaba. Sus ojos opacos impedían el paso. Solo dejaba traslucir que era una empedernida lectora de Salgari y que le gustaba la física y química. A base de semanas fui haciendo algunos progresos y me contó cosas de la infancia y recuerdos alegres. Nos gustaba reír por cualquier bobada.

Ya era el final del verano cuando volviendo al atardecer hacia su portal después de una tarde de risas, sin esperármelo vi reventar su boca del color de las nubes incendiadas por el sol de la tarde y sentí un precipicio que me llamaba.

Ella debió ver algo en mí: sus ojos se volvieron transparentes. Era una situación que llevaba semanas deseando y todavía no entiendo por qué me giré para esconder la vista en un coche azul que pasaba y que se llevó mi arrojo con el ruido de la aceleración. Seguimos caminando sin mirarnos, en silencio, rodeados de vértigo.

No lo volvimos a hablar y unos días después me dijo que se iba a estudiar a Inglaterra y que me escribiría, pero nunca escribió.

Otra vez veo movimiento en el hall del colegio. Empiezan a salir los niños pequeños con sus babis. Las madres se abalanzan hacia la puerta. Allí está mi nieto con su cara de luna despistada y sus verdades que aún son absolutas. Me reconocerá, su mundo volverá a ser feliz, me sonreirá y me echará las manos al cuello.

Ya no llueve, cruzo la calle mientras cierro el paraguas. De pequeño, cuando escampaba, podíamos salir a jugar a la calle. Todavía no me ha visto...

En realidad son varios relatos unidos por el protagonista común que los va recordando. Es una técnica que a menudo utiliza el cine mostrando alguna escena de la infancia que terminará repercutiendo en la madurez.

Cine y literatura tienen similitudes y grandes diferencias que obligan a modificar las técnicas narrativas. Infinidad de novelas se han llevado al cine con resultados desiguales. Unos prefieren la versión cinematográfica y otros la novela que deja espacio a la imaginación. Aunque en novelas clásicas, por ejemplo Ana Karenina, hay tal cantidad de descripciones sobre vestidos, joyas, decorados que la fantasía no puede agregar nada adicional y es esa fantasía la que nos suele transportar a las escenas, cotillear los detalles o comenzar a bailar con las princesas rusas en los salones engalanados mecidos por la música de la orquesta. Si no hacemos el esfuerzo, será una novela perdida.

Volviendo a los relatos de infancia, tengo que aclarar que la mía (años 50) coincidió con una etapa difícil en la que carecíamos de casi todo. Eso da mayor valor a nuestros padres que lograron mantenernos y hacernos creer que teníamos lo suficiente, también que lo que pasaba a nuestro alrededor era normal.

En el siguiente relato vuelve a aparecer la mirada crédula que muchos años más tarde comenzaría a entender lo que estaba viviendo. Es un conocimiento que ya hemos digerido pero que no se hace consciente hasta que lo verbalizamos. En mi caso al hacer el esfuerzo de escribirlo:

LA ESCUELA Y ALGUNAS GUERRAS

Han pasado sesenta años y ya no recuerdo su cara, solo su nombre: se llamaba Pedro como mi padre. Íbamos a la clase de pequeños con don Higinio. Estudiábamos el tomo uno de la enciclopedia Álvarez. Pero no le recuerdo por llamarse como mi padre sino porque todos los días se sabía la lección. Nos la sabíamos tres: Pedro, mi hermano mayor y yo.

Recuerdo que una vez no conseguí aprenderme una pregunta. Era de las largas con pomposas palabras engarzadas en una enrevesada redacción que hablaba de «comunidad histórica en el futuro», algo parecido a lo que solían decir en la radio de entonces. Fui incapaz de aprendérmela de memoria (las lecciones siempre se aprendían de memoria), porque al decirlo me saltaba algún renglón y mezclaba las palabras que para mí no significaban nada. Mi padre me dijo que no saliera voluntario.

Don Higinio pidió voluntarios y ese día solo se levantaron dos manos. A ambos: Pedro y mi hermano, los sacó y a cada uno le preguntó uno de los apartados de la lección. Los dos contestaron bien las preguntas que yo me sabía. Luego me sacó a mí y me preguntó la lección completa y completa se la dije. En la respuesta conflictiva, milagrosamente contesté la procesión de palabras en orden, sin construir ninguna herejía, por lo que don Higinio me dijo que me lo sabía.

Creo recordar, o me invento al intentar recordar, que Pedro era delgado. Recuerdo que jugaba con él al dado con rescate. Íbamos siempre en el mismo equipo. «Casa» era en las escaleras de entrada y la «prisión» estaba en un poste de la luz cercano. Hacían dos grupos: los perseguidores y los perseguidos, que podían rescatar a los compañeros presos. El primero de estos tenía que estar tocando el poste y uniendo las manos se formaba una cadena que giraba nerviosa como una brújula para intentar alargarse hasta algún rescatador que corriera cerca y que con un toque pudiera dar la libertad a los pillados, aunque casi siempre, terminaba alcanzado por los carceleros.

Justo al lado del poste formábamos para cantar el himno nacional —que entonces tenía letra—, antes de entrar en clase.

Muchas veces he pensado en ese colegio. Cuando leo los versos de Machado: "llueve, detrás de los cristales, llueve y llueve…" siempre retorno a ser niño y sentarme en el banco apoyando las manos en el pupitre de madera con los agujeros para el tintero —que se llenaba diluyendo en agua unos polvos azules—; me imagino la estufa de hierro colado que, al abrir la trampilla, dejaba ver los carbones al rojo; me imagino el encerado manchado de tiza con un banco debajo pegado a la pared, para que los pequeños llegáramos a escribir en la parte alta —en las películas he visto que había un crucifijo y un retrato de Franco, pero yo no lo recuerdo—; me imagino que columpio las piernas mientras voy resolviendo las sumas, me imagino que me levanto a pedirle una pintura azul al único niño que tenía el estuche de *alpino* y que me responde que hoy tampoco me la deja. Pero no puedo imaginarme la cara de Pedro, que vivía en una chabola junto a parada del tranvía.

A mi padre le trasladaron de ciudad y cambiamos de casa, de colegio y de amigos. Tenía ocho años.

Sesenta años después, pensando en el interés por estudiar de Pedro viviendo donde vivía, intuí que debía ser hijo de alguien culto que hubiera perdido la guerra —algunas guerras nunca terminan de acabar—. Si mi hipótesis, que nunca podré comprobar, fuera cierta, me surgen un montón de preguntas ¿Qué sentiría al estudiar de memoria que España era una unidad de destino en lo universal?, ¿qué pensaría de mi por ser hijo de alguien del bando de los vencedores?, ¿tendría suerte, sería buen estudiante y buen trabajador toda la vida?

Son respuestas que nunca obtendré y ahora me queda otra pregunta: ¿A dónde van los amigos cuando olvidamos su cara?

A estas alturas, el hueco de tiempo que me habían regalado con la jubilación lo había llenado completamente agregando nuevas actividades. Madrid seguía creciendo ante los ojos del turista en su propia ciudad en que me había convertido. Con cada descubrimiento se abrían nuevos caminos. Igual que cada libro que me gustaba daba pie a leer muchos más. Necesité priorizar por falta de tiempo y me adherí a la frase que tantas veces había escuchado a los jubilados: «¡No comprendo como podía sacar tiempo antes para ir a trabajar!»

Rebuscando en el ordenador otros relatos, encuentro el primero que escribí para la clase y leí delante de todos, aunque debería decir "todas" porque, como en las demás actividades que comencé nada más jubilarme, había mayoría de mujeres. Entonces me pregunté qué harían los hombres cuando dejaban de trabajar.

Pilar, en mi primera clase, nos dijo que teníamos que escribir sobre una aparente contradicción en la relación con nuestra madre, algo parecido a un mundo al revés y, mirándonos a los dos que acabábamos de empezar, añadió que teníamos que abrirnos en canal delante de lo que escribiéramos. Todas las caras, para mí desconocidas, afirmaban muy serias. Traté de ser obediente y en el intento descubrí que en un folio apenas caben ideas. Escribí:

LIRIOS

Hacía tiempo que en las visitas a mi madre no pasaba una tarde tan agradable charlando en la terraza de la residencia.

Mi madre no es muy habladora y tengo que iniciar conversación tras conversación que rápidamente se diluye y acaba. Pero el frescor y la leve brisa que traía el olor de las flores nos fue envolviendo. Sus ojos iban recuperando algo del verde transparente de siempre y estuvimos poniendo nombres a las plantas. Ella apenas los recordaba hasta que llegamos a los lirios.

Las cintas verdes y la flor morada como hocico de perrillo nos trasladaron a una casa que yo apenas recuerdo. Solo me quedan vagos retazos de ella, casi todos en torno a las fotografías familiares que en las conversaciones se han ido llenando de anécdotas hasta revestirse de vida.

Junto a la puerta del jardín, detrás de un pequeño parterre pegado a la ventana estaba el plantón de lirios. Justo al lado de donde solía pasar mi pista de carreras.

Un día, y esto no me lo han contado: lo recuerdo, di un mal tropezón y un capullo de lirio a punto de abrirse acabó decapitado en el suelo. A la mañana siguiente lo vi abierto con su lengua de terciopelo morado y la campanilla dorada en un frasco de cristal con agua en la cocina. Era el tiempo en que mamá lo podía todo. Aunque entonces no se lo confesara ella lo sabía y sesenta años después me recordó que siempre le rompía las flores.

Me habló de los árboles pequeños, de la parra, de cuando nos robaron las gallinas, del cielo nocturno lleno de estrellas, de cuando me contó que las estrellas estaban muy lejos y no se podían caer.

Pasamos una buena tarde sin necesidad de recurrir a la televisión para creer que estábamos juntos y a última hora, cuando por los altavoces anunciaron que los residentes debían pasar al comedor para cenar y finalizaba la hora de visitas, me dijo con los ojos transparentes de ese verde que me regaló por vía materna y veo en el espejo cada mañana: «¡Llévame a casa que haga la cena a mis niñitos! Llevamos toda la tarde fuera». Comprendí que yo había estado recordando y ella viviendo en un mundo que se fue hace sesenta años: su mundo.

He tenido que retocar el relato para quitar algunos errores de bulto que entonces cometí, aunque respetando la idea y el orden.

Cuando lo escribí era principiante y no había descubierto que se pueden esconder los sentimientos escribiendo en tercera persona como si estuviéramos hablando de otro y que en los relatos creativos no es necesario contar toda la verdad.

En eso radica la importancia del narrador: el que cuenta la historia, que es diferente del autor y que puede pensar igual o distinto que él. Puede ser el protagonista contándolo en primera persona, un testigo o estar escrito en tercera persona por alguien que aparenta conocer la historia totalmente, o solo parte de ella.

En esta disyuntiva de hablar de mí mismo y no hablar, sobre hechos que me habían ocurrido junto a otros ficticios, me inventé un personaje que llamé Manuel, o Manolo, para reflejar la época de la adolescencia en los que se entremezclaban el pasado y el presente. La forma más sencilla de distinguir en qué punto se encuentra el protagonista es por medio del verbo que unas veces está en presente y otras en pretérito.

Los relatos de Manuel se fueron convirtiendo en una saga de la que me ha costado elegir sólo tres.

JUNTO A LA BOCA DEL TUNEL

A Manuel, desde que se jubiló, le gusta dar largos paseos. Cuando hace buen tiempo, prefiere ir al campo y sentarse en una roca para invocar recuerdos de infancia, adolescencia o el divertido tránsito de una a otra. Incluso se ha planteado escribir un libro con anécdotas graciosas.

Hoy ha ido por la vereda que discurre junto a las vías del tren y se ha enfrascado en los recuerdos de cuando fueron a ver salir el tren del túnel Galindo. Era la primera vez que salían con chicas al campo y lo del túnel fue solo una excusa para pasar la tarde con ellas. Manuel recuerda el momento en que empezó a correr cuesta arriba e intenta dilucidar qué le impulsó a hacerlo.

El día antes le había gustado Mercedes, no era la más guapa, pero tal vez por tener muchos hermanos, tres mayores que ella y otros cuatro menores, parecía no tener miedo a hablar tranquilamente con los chicos.

—¿Me cuentas un cuento? —le había dicho, pero lo importante no eran las palabras sino como lo dijo: mirándole y con la altura de voz justa para que los demás no lo oyeran.

—¿No te sabes ninguno? —repitió dulce con una sonrisa solo para él. A su alrededor, los otros reían y gritaban en blanco y negro, en color solo estaba la sonrisa de Mercedes y los ojos avellana que le miraban.

Manuel, tímido, preguntó de qué lo quería y ella respondió que de princesas. No estaba dispuesto a reconocer que sabía cuentos de niñas ni de princesas, pero empezó a contar uno (que recordaba a medias) de un príncipe oriental que disparó una flecha y un hada que le ayudó, aunque se hizo un lio y ella le fue preguntando detalles para reconducirle.

A mitad del cuento, cuando el príncipe buscaba la flecha que había disparado, se acercó a escuchar otra chica que era una mema y también comenzó a preguntar haciéndose la graciosa. Las preguntas se quedaron sin respuesta porque la magia se había esfumado y terminaron en un incómodo silencio. Necesitaban ser como los otros y se unieron a ellos para hacer el gamberro.

Con la sensación mágica de aquellos ojos traviesos se fue Manuel a la cama. Esa noche, no quería ser como los otros y estuvo pensando en ponerse un poco de colonia de su padre. La pandilla había quedado para ir al campo la tarde siguiente, querían ver el tren saliendo del túnel Galindo, pitando y rodeado de una nube de humo.

Con la esperanza de continuar con el cuento, Manuel lo buscó a escondidas entre las cosas de su hermana. Se titulaba «*El príncipe Ahdmed y el hada*» y al leerlo supo que Mercedes lo conocía, pero no importaba, le contaría el final y disfrutaría de su incredulidad.

A la ida, no pudieron hablar, porque la mema se había apropiado de ella, y él estuvo todo el trayecto pensando cómo acercarse sin decidirse. «Debí parecer un moscón alrededor de las flores —dice en voz alta cincuenta años después—, un auténtico pardillo».

Se sienta en una piedra plana que parece cómoda. «Debíamos ser casi quince», piensa y empieza a mover los dedos a medida que repasa nombres, pero desiste negando con la cabeza.

Llegaron al túnel algo antes de las seis, aunque al final tuvieron que correr porque según dijeron iban tarde. El arco por el que saldría el tren era de piedra y en la obscuridad del túnel se iban perdiendo los brillos paralelos de las vías hasta desvanecerse en la profunda madriguera de un animal mitológico. Varios pretendieron entrar por la boca del túnel, más que nada para hacer rabiar a las chicas —algunas eran bastante patosas—, pero se quedaron a una distancia prudencial en un pequeño rellano encaramado a la ladera.

Se oyó el pitido del tren a lo lejos. Del túnel comenzó a salir un viento fuerte que acompañaba al creciente traqueteo que anunciaba la inminencia. Y entonces, la chica del pantalón rojo gritó que lo iba a ver desde arriba y empezó a correr por la empinada cuesta. El ruido del tren crecía convirtiéndose en un tumulto, y él, sin saber por qué, comenzó a correr detrás.

Los recuerdos se han ido ordenando en su cabeza, pero quiere más, se reprocha haber salido corriendo, le resulta acuciante encontrar una respuesta de por qué la siguió: ¿Para ser más rápido que ella porque le gustaba echar carreras y era un chico?, ¿porque era la única chica que se había pintado los ojos y estaba molesto al no haber podido hablar con Mercedes?, ¿porque el pantalón rojo era ajustado y todos querían estar con ella?, o porque no supo qué hacer en un mundo que desconocía.

Cuando estaba a punto de adelantarla, la chica del pantalón rojo pisó mal y se balanceó intentando no resbalar por el terraplén. Al rehacerse, le miró agradecida y él, con la mano que había intentado ayudar todavía suspendida en el aire, notó que todos los miraban. Vio que Mercedes desenfocaba los ojos y hacía un gesto con la boca que entendió de desagrado: algo acababa de romperse.

Después llegó el humo espeso y negro, otro pitido largo que le encogió el corazón. El tren apareció a toda velocidad con la rotunda locomotora negra escupiendo bocanadas de humo. El único ojo de ciclope iluminaba las vías desde la frente y las ruedas furiosas hacían girar los brillos del sol. El maquinista completamente tiznado los miró y enseñó los dientes blancos en una sonrisa sin reproche. Siguieron los vagones, traqueteando con fuerza a unos metros de ellos. Él se había sentado en el suelo agarrado a una mata de hierbajos altos. La chica se había sentado detrás de él y apoyaba en su espalda la rodilla y la pierna. En el tumulto de ruidos, notó que ella tenía miedo y temblaba.

—¡Que olor a carbonilla! ¡Qué asco! —gritó Mercedes cuando el tren se iba alejando para devolverles el silencio.

En el camino de vuelta, la misma mocosa se embracetó a Mercedes como una sombra. Manuel creyó escucharlas hablar de la chica de los pantalones rojos, decían que olía a sudor, pero a él no le importó lo que dijeran de ella —trata de recordar el nombre, pero no pone demasiado interés, es solo una imagen joven que corre en su memoria—. Iba la primera rodeada de la cohorte de admiradores a los que contaba la hazaña. Ninguno sabría jamás lo que él sabía, pero caminaba solo, triste y desubicado porque nunca contaría a nadie el final del cuento del príncipe Adhmed.

Se baja de la piedra. Piensa que no sirve de nada seguir reprochándose haber empezado a correr tras una chica de pantalones rojos algo mayor que él. Hace tiempo que perdió la pista a las dos. Es mejor olvidar los por qué, como otros muchos sin resolver que han regado su vida. Simplemente son cosas que pasaron así. Respira los mismos olores a campo reseco de entonces y cree recordar que ella llevaba una blusa blanca con bordados rojos del mismo tono que los pantalones y que el pelo largo se movía con el viento como bandadas de gaviotas: ¡Juventud!

Antes hablé de los tipos de narradores. Un detalle más sutil es el punto de vista que el narrador elige ¿Se pone de parte de uno de los protagonistas? ¿Es neutral? ¿Cuenta todo lo que ocurre o solo lo que ve o sabe alguno de los protagonistas? ¿Cuenta toda la verdad o la verdad edulcorada? La teoría parece complicada pero con la práctica y fijándome en lo que llevaba años leyendo en las novelas sin haber prestado atención, no resultó un escalón demasiado alto. Además como he señalado antes, los jubilados somos gente atrevida.

Entonces estábamos leyendo literatura relacionada con el feminismo y he elegido un relato con dos protagonistas principales y un claro punto de vista sobre la atracción del baile. Está en tercera persona. Aunque el protagonista se llama Manuel, no sabemos quién fue en realidad, pero la situación, o algo parecido, ocurrió hace muchos años en una tarde de verano. Como dice Julio Ramón Ribeyro, o mejor como escribió pues hace muchos años que nos dejó: la historia del cuento puede ser real o inventada. Si es real debe parecer inventada y si es inventada, real.

Desconozco como escribiría aquel gran cuentista peruano el relato si fuera parte real y parte inventada:

¿BAILAS?

Las excursiones organizadas son así: reúnen en la misma mesa a personas y pasados que nunca pensaron volverse a unir.

—Estas mesas son las nuestras —dijo la guía— ¡Procurad rellenar los huecos!, por favor.

Manuel se alegró de coincidir con Marta, aquella chica que venía desde su infancia y a la que, en el recuerdo, tenía algo de cariño. Repasar el pasado con arrugas en la cara y el pelo teñido puede ser divertido. La risa alegre y atractiva de ella, de entonces, se había transformado en campaneante, pero al llegar al segundo plato, Manuel se comenzó a arrepentir de haberse sentado con ellos, no por lo que ella pudiera contar —no tenía secretos con su esposa—, sino por chabacana. Porque Marta no se reía de las situaciones incongruentes: estaba tratando de humillar los recuerdos a fuerza de robarles el aroma. Juzgaba y despreciaba las dificultades de entonces con la fanática filosofía de las series americanas.

—Era un buen zagal, te lo puedo asegurar que le conocí de jovenzuelo —decía Marta acercando la cara a su esposa—. Recuerdo cuando bailamos en la verbena —y reía estrepitosamente—, un paradito, no necesité ni ponerle «codos» —sin poder contener la risa— ¿No te acuerdas, "Manué"?

—Han pasado tantos años…, sí, recuerdo haber bailado alguna vez contigo —dijo, pero sí lo recordaba.

Se retiraron pronto a la habitación y estuvo de acuerdo con su esposa en que entonces Marta era guapa y simpática pero con el tiempo se deja de ser lo que se fue. No volverían a sentarse con ellos.

En la cama, con la luz apagada, Manuel rememoró aquel baile. Una verbena a la que ya le dejaron ir en la luz difusa de una noche de agosto —¡Salir por la noche!, ¡hasta la una! —. Jóvenes y mayores divirtiéndose.

Las primeras veces que había bailado se podían resumir en aprender los pasos y seguir el ritmo procurando no pisar a la chica que, también rígida, contestaba con monosílabos. Pero pronto, pasada la difícil y emocionante novedad, descubrió que los bailes tenían la excitación de estar con una chica casi a solas rodeado de gente mientras durara la canción. El problema era enfrentarse sin piedra Roseta a aquel jeroglífico porque algo había cambiado —algo que no encajaba con los principios de la educación cristiano-conservadora de muchos años y la palabra "pecado" no-se-sabe-donde pero rondando en la mente y en el movimiento de cada mano—: le apetecía apretar, ¡quería apretar!, pero era difícil orientarse en la selva de deseos. Aquella noche por estrenar, pensaba entonces, era prometedora.

Sus deseos: bailar, coger de la mano, acariciar, dar un beso... eran una escalera que él necesitaba subir escalón a escalón; un deseo en cada momento y al día siguiente intentar subir otro peldaño para continuar explorando lo que no conocía pero había imaginado o escuchado. El beso era algo tan lejano como la torre de Pisa, las pirámides de Egipto o la desembocadura del Orinoco. Ya llegaría...

Tumbado en la cama, Manuel estaba pensando que el encanto de la adolescencia estaba en ir recorriendo esos peldaños que la hipocresía de los colegios de monjas hacía emocionantes. Aunque envidiaba a otros jóvenes que apretaban y había chicas que se dejaban besar.

—¿Bailas? —preguntó Manuel en un acto de valor, porque con anterioridad apenas había intercambiado con ella algunas palabras en la pista de patinaje. Era como jugar a la lotería que casi nunca toca.

Los faroles que iluminaban la verbena giraban y giraban en torno a ellos, amarillos, rojos, verdes, azules o cremas compitiendo con la luna joven, la música y el aroma cercano del perfume de ella. «¿Si subiera la mano?», se preguntó mirando la boca sin pintalabios de Marta.

Se decía que las chicas eran retraídas por moralidad y no se dejaban, pero también que las fortalezas se toman al asalto. Eran dos voluntades bailando y él siempre lo respetó aunque pretendiera escalar cada peldaño sin tener ni idea de lo que deseaba la otra voluntad. Ya había descubierto que preguntar no servía de nada, solo encontraba respuestas virtuosas o ambiguas; era preferible alguna disculpa o pedir perdón. Estas dudas bailaban en su cabeza. En el tercer baile preguntó con la voz más dulce que supo componer:

—¿Te gusta que te acaricien la espalda?

—¡Todos los hombres sois iguales y vais a lo mismo!

No hubo caricia y se dejó llevar por la música. La mayoría de sus amigos también bailaban, aunque Marta era la más atractiva, seguro que le envidiaban. Las estrellas del cielo apenas se veían difuminadas por la luna y por Marta, que entre los empujones de una pista abarrotada, bailaba muy bien.

—Bueno —musitó ella en la siguiente canción, porque al acabar la música se había quedado parada en la pista frente a él.

—¿Bueno, qué?

—Lo de la espalda ¡Pero sin llamar la atención!

Torpemente subió la mano por la cintura notando que ella se apartaba y su cuerpo comenzaba a flotar en la música a pocos centímetros del suyo como una película.

—Me tienes que enseñar a hacer eso.

—Es muy fácil —respondió ella, joven, altiva, magnánima—: al avanzar el pie giras la cadera ¡Mira!, así.

Manuel probó y parecía que iban a chocar, pero ella, en el último momento lograba esquivarle como en un juego.

—¡No seas tan brusco!, tienes que hacerlo con gracia —le fue corrigiendo. Pero al acabar la siguiente pieza, dijo adiós y se volvió con sus amigas.

¿Lo había hecho mal?, ¿torpe o atrevido? La ruidosa luz de la luna le miraba. Estaba solo en la pista observando cómo ella se alejaba con el pelo rubio ondeando a cada paso sobre el vestido verde claro entre la música que se movía por la pista en un océano de parejas abrazadas. Olía a empujones, a farolillos, a risas, a cielo insondable donde era imposible orientarse.

Ella le miró desde el otro extremo de la pista. Estaba hablando animadamente con sus amigas, riendo, ¿necesitaría volver a pagar el peaje y preguntar «bailas»?, esperar a que ella levantara la vista, esperar algún parpadeo de la cara marmórea que sirviera de pista, esperar pensando que debería hacer alguna de las muecas que ensayó frente al espejo y no terminaron de convencerle, esperar infinito hasta que el pulgar de ella, por algún cambio en el tono de los farolillos o rara alineación de estrellas, señalara como en el circo romano hacía arriba o hacia abajo.

Manuel conserva con cariño aquellos recuerdos, sentía que si se los robaran desaparecería lo que él fue, por eso le habían molestado los comentarios acres de Marta durante la cena.

Había creído durante muchos años que fue de verdad, pero durante la cena acababa de enterarse que había sido por una apuesta con las amigas: «¿Qué os apostáis a que bailo cinco veces seguidas con el primero que me saque?» y sin dejar de reír, limpiándose con la servilleta las lágrimas desacompasadas e insultantes, destruir los recuerdos de Manuel.

—¿No te duermes, Manolo?, estás dando muchas vueltas ¿Te ha sentado mal la cena? —escucha a su esposa soñolienta arropada en la oscuridad.

—Ya se me está pasando, dentro de un momento dormiré como un niño —acaricia su cuerpo a través de las rugosidades de la colcha notando la calidez conocida.

—Necesitas tener cuidado, te lo tengo dicho, has cenado mucho. Era demasiada cantidad aunque estaba buena.

—Sí, muy buena —y antes de ponerse de lado para conciliar el sueño, piensa que cuando ella dijo «bueno» a lo de la espalda, debería haber preguntado: «¿Bueno sí, ¡quieres!, o bueno no, prefieres?», aunque no hubiera servido de nada porque ella desde su situación dominante le habría engañado igualmente.

Ya nombré a algunos autores que hemos ido leyendo. Para seguir citando recurro a mi cuaderno donde apunto las explicaciones, lecturas, temas a escribir y mezcló con alguna cuenta, datos de gestiones, trámites, teléfonos, apuntes para la declaración de la renta y otros dolores de cabeza que arrastra el día a día de los jubilados. Es «el cuaderno», una parte adicional de la memoria. Pasando hojas voy encontrando: Leer tal libro de: Javier Marías, Tabucchi, Scott Fiztgerald, Coetzee, Annie Ernaux, Raymond Carver, Truman Capote, Borges, Ian McEwan, Margerita Duras, Cortázar, Sandor Muray, Peri Rossi. En fin, muchísimos.

Han predominado los pertenecientes al denominado realismo sucio norteamericano. Nunca antes había leído nada de Carver, me sorprendió como un amor a primera vista. Entre las autoras, creo que Alice Munro y Katherine Mansfield son las que más hemos estudiado junto con Elizabeth Strout.

Parece mentira que Mansfield muriera hace cien años y pueda seguir siendo tan actual. La de veces que he repasado *Garden Party* intentando captar los trucos del relato, el salto desde la adolescencia, para imitarlo por supuesto, pero no lo he conseguido. En realidad no es solo leer. Al comentar cada novela (o relato) se enriquece la visión de la obra porque somos doce o catorce personas que vemos diferentes matices de un único relato.

Las clases han sido enriquecedoras, pero tengo que decir que ya había escrito algún cuento antes de embarcarme en esta actividad de jubilado. Por ejemplo, hace muchos años un relato mío fue seleccionado en un concurso del periódico *20 minutos* sobre Madrid: «*Madrid en medio folio*». Me sigue gustando, aunque ahora en vez de «Maquelele» haría referencia a «Vinicius»:

LAVAPIES

Por fin se quedaron solos mirando las paredes vacías y la desnuda bombilla colgando del techo. Sentían amanecer un nuevo paraíso.

El pequeño empezó a brincar en la cama. El mayor se acercó al interruptor, encendió la luz, la apagó, encendió, apagó, clic, clac, clic. Su madre dijo ¡Ya! El pequeño preguntó ¿podemos ir a jugar a la calle? El padre dijo no os alejéis mucho. La madre acarició la cabeza del mayor. El pequeño logró zafarse junto a la puerta.

Se quedaron solos los dos. Una única habitación para los cuatro, con cocina, lavabo y balcón.

Él miraba al armario. Ella, la cocina.

Él colocó la desvencijada maleta. Ella se miró en el espejo.

Él pensaba en su país. Ella sabía que su país era este.

Él pensó que pronto podrían alquilar una casa con baño y habitaciones. Ella que pronto podrían traer al hermano de él.

Él dijo una frase con sonidos que ningún alfabeto sería capaz de representar. Ella le abrazó, parecía alegre pero sus ojos lloraban.

Él le besó el pelo. Ella escuchó gritos de niños jugando en la calle.

Él miró sus manos manchadas de pintura. Ella abrió el balcón, vio a los niños jugando al balón, vio la descolorida casa de enfrente, vio un cartel azul. Con dificultad fue descifrando el sonido de cada letra C-A-L-L-E L-A-V-A-P-I-E-S. "Calie lalvapies", se recitó mentalmente.

"Pásamela, Maquelele", oyó, y vio que el mayor centraba la pelota "¡Ya tienen mote, han sido aceptados!", se dijo y enseñó una sonrisa blanca en su cara negra.

Con otro relato: "*Partida de dominó*", quedé en segundo puesto en un concurso organizado por el Ayuntamiento del Álamo (Madrid). Entonces pensé que había sido injusto que el primer premio se lo dieran a la médico del pueblo, pero al releer el mío veo que ha envejecido demasiado. El premio me lo dieron en mano, un billete en una oficina, ni título, ni diploma, ni nada ¡Se quitan las ganas de seguir escribiendo!

No voy a reproducirlo, pero de aquella época conservo otro que me sigue gustando tal vez porque mi esposa también tiene los ojos castaños, ¿o es al revés? Lo he retocado sin cambiar el cuento porque un relato es simplemente una historia que el lector sea capaz de volver a contar, es decir: una historia sintética, unos personajes y un ambiente, y he conservado los tres componentes. El auténtico problema, como recalca Ribeyro, es que «debe entretener, conmover, intrigar o sorprender, si todo ello junto mejor» por lo que no sirve cualquier historia, ni todos los personajes, ni los ambientes.

REGRESO AL MAR

Yo amo al mar. Sí, amo al mar. Lo amo como se puede amar a una mujer: su profundidad, la grandeza, la belleza, los continuos cambios y el nuevo renacer. Unas veces refresca, otras arrulla y algunas amenaza. Me hace sentirme grande y pequeño en el mismo instante.

Yo conozco al mar, al menos tanto como se pueda conocer a una mujer. Mirando la espuma de sus crestas puedo predecir los cambios de humor mucho antes de que se produzcan. Al amanecer, el olor del mar me cuenta si va a estar enrabietado o en calma, si va a dejarse dominar o mostrará su furia, si va a ser dulce o rebelde, serio y orgulloso o alegre y cantarín.

Nunca me alejé demasiado del mar. A veces me jugó una mala pasada y lo odié. Pero necesitaba el olor a salitre y la libertad, necesitaba ver bailar sus verdes y grises, escuchar las olas cuando rompen y que me deslumbraran sus brillos inquietos jugando con el sol. Necesitaba ver el lejano horizonte allí donde en curva se une con el cielo. Y en silencio nos reconciliábamos.

Lo amo. No sé si es varón o hembra, pero lo amo, como sólo pueden amar los que conocen. Lo amé y respeté, y él me enseñó todos sus secretos.

Para aquella regata no me contrataron por conocer el mar sino por mi rapidez, fuerza y versatilidad, pero sobre todo, me contrataron porque a última hora se puso enfermo uno de los tripulantes: necesitaban a alguien y yo estaba allí.

Siempre quise subir a uno de esos impresionantes veleros que tienen los ricos por placer. Éramos los favoritos con el mejor barco y la mejor tripulación, pero había que ganar. Nos empleamos a fondo y antes de acabar ya podíamos saborear la victoria.

El último día amaneció muy tranquilo, pero el aire traía ese olor a salitre algo picante y dulzón, suave y ligero, que recuerda a los rábanos secándose al sol. Yo conocía aquel olor y sabía lo que significaba: el mar no se dejaría doblegar.

Se lo dije al patrón que miró la calma y se rio de mí; se lo dije al piloto que me llamó cobarde; se lo dije a la tripulación que me llamó supersticioso; se lo dije al mar que me llamó por mi nombre y me dijo "ven". En alta mar, el cielo se fue cubriendo. A media mañana, las nubes negras arrastradas por un inesperado viento apagaron el día. Un rayó anunció lo que nos esperaba y un trueno como salvaje bramido de dioses antiguos nos hizo estremecer.

El viento arreció: «Ffffffvennn, ¡fffffveennnn!», me llamaba.

El mar comenzó a abrirse en profundas simas a nuestro alrededor y las olas se transformaron en acantilados de agua. La primera andanada partió el trinquete mostrando todo lo salvaje que el mar puede ser. Fuimos un juguete entre iracundas crestas. Jamás olvidaré el crujido del palo mayor. El piloto y dos marineros cayeron al mar y otro se ató al muñón del palo mesana aceptando el destino que la tempestad le tuviera reservado. Una ola especialmente violenta dio una sacudida a babor con un ruido tan espantoso como las caras de miedo de mis compañeros que gritaban furias inaudibles. El fondo del mar nos llamaba y tuve que decidir entre obedecer su voz o salvar a mis compañeros.

Me acerqué al timón. Me aferré fuertemente a él. La espuma y las olas me abofeteaban la cara, la boca, los ojos. Saqué fuerzas de la sal que tragaba y del viento que silbaba entre las jarcias rotas. Yo conocía todos los secretos de aquel mar, él me los había enseñado y los utilicé para doblegarlo cuando no quería ser doblegado.

Horas después, tal vez eternidades, en el horizonte comenzó a verse algo de luz y a lo lejos, a barlovento, una costa brumosa. Pero el mar seguía embravecido: los fondos de silencio y olvido que pueblan los relatos de marineros me seguían esperando y yo no quise acudir. Al final, con un pequeño foque y un timón que apenas gobernaba, conseguimos llegar a puerto.

Mis compañeros me abrazaban, estaban felices por volver a pisar tierra firme. El patrón, lo estaba por haber ganado la regata. El velero se había convertido en una caricatura que nunca volvería a navegar. Atrás quedaban vientos, relámpagos y olas. Sentí que lo había traicionado y no supe si mirarlo con orgullo por haberlo vencido o bajar la mirada tras traicionar a una amante. Ese mismo día caminé tierra adentro entre los frondosos bosques de las montañas y nunca lo volví a ver.

Confieso que la vida me ha dado todo lo que puede dar: he amado a mi mujer, a mis hijos y a mis nietos que llenan de alegría y travesuras mi vida. Muchas tardes me siento en el porche de casa para ver la puesta de sol. En los días de brisa, cierro los ojos y escucho como las hojas del álamo —que yo mismo planté—, me cantan la canción de las olitas plateadas.

Mi esposa me mira, sabe dónde están mis pensamientos y algo celosa me dice:

—Estás lleno de océano.

Yo callo y trato de recordar el sabor a salitre como dulce beso de amante.

Ayer, mi esposa me cogió de la mano y dijo: «quiero ver el mar junto a ti». Dentro de un rato partiremos. Hoy, por primera vez en mi vida tengo miedo del mar. No porque pueda reclamar mi cuerpo —estos ocho huesos y un poco de piel en que el tiempo me ha convertido. Muchas veces pudo quitarme la vida y no la quiso—, solo tengo miedo a que me arrebate el alma y no pueda volver a disfrutar de la sonrisa de mi esposa cuando ilumina su cara y de esos ojos castaños llenos de comprensión donde caben todos los océanos.

En aquel certamen me dieron el billete en mano. En 2020 se convocó un concurso de relatos para todos los centros de mayores del distrito de Moncloa-Aravaca sobre las fiestas de San Isidro. Tenía que ser cortito y debía incluir unas cuantas palabras madrileñas como *chotis, parpusa* o *verbena*.

Me presenté y gané ¿Cómo me enteré que había ganado? Pues por la página web al consultar el resultado me encontré que el primer premio se lo habían dado a un relato que comenzaba como el mío, seguía como el mío, y acababa como el mío. Lo firmaba MAPG: mis iniciales.

No es una crítica al Centro, que nos trata con delicadeza organizando infinidad de actividades para tenernos entretenidos a los «mayores» y que socialicemos. Sería imposible asistir a todas las actividades y charlas que van proponiendo mes a mes con una amabilidad exquisita por correo electrónico o por teléfono ¿Quién no tiene el teléfono de Maribel y le ha consultado algo? El malentendido se produce por el diferente propósito del que convoca una actividad para entretener o activar los recuerdos y el que concursa intentando escribir un buen relato.

El mío tenía una breve introducción que no incluyeron y decía: «*A nuestros padres que ampliaron el plano de Madrid con nuevos barrios habitables*» (yo pensaba en mis padres, ellos en nosotros ¿Cuándo se empieza a ser mayor?, ¿por qué vemos mayores a los otros y no la paja en nuestro ojo?) y seguía el relato:

¡VIVA SAN ISIDRO!

Se ajustó las gafas para ver las fotos antiguas que guardaba en sobres. Él no era de Madrid como casi nadie de su generación, aunque en las juntas de vecinos solían porfiar sobre quién llevaba más tiempo viviendo aquí y por cuantas pensiones habían pasado. Llegó en tren con la maleta de cartón —¡Te repites abuelo!, suelen decirle— y la cartilla de licenciado: la blanca. Recuerda que fue con los de la pensión a la Pradera, era mayo.

—Si hay que bailar un chotis, ¡se baila! —dijo en el tranvía ¡Qué maravilla tener veintiún años! Y en el tranvía le enseñaron, con el cobrador llevando el ritmo y sin chica por supuesto, todavía no había conocido a ninguna y se seguía sintiendo como un invitado en Madrid.

Llegaron a la verbena, el olor a refrito, los puestos de botijos y las tómbolas. En la luz indecisa de los farolillos sacaron a bailar a unas chicas que resultaron sentirse también invitadas en la ciudad y en medio de aquel concierto bailaron a empujones ¡Qué guapa era!

—Yo soy extremeña, como mis primas, ¡y a mucha honra! —dijo Matilde con voz aguda y luego fueron novios durante seis años, ahorrando.

Después llegaron los hijos, que como solía decir Matilde «vienen puntuales como los años». De pequeños los llevaban a pasear a las Vistillas a ver a los chulapos bailar. Siempre caía alguna rosquilla o algún barquillo —aunque Matilde dijera que sabían mejor en casa y eran más baratas—, pero para los vestidos de chulapa no llegaba, con tres hijas no se podía.

Entre sus dedos temblorosos fueron desfilando retazos de su vida, unos en blanco y negro como su boda, otros en color como la foto que buscaba: la nieta con siete años de chulapa con el vestido de lunares rojitos, el mantón y el pañuelo blanco con un clavel rojo en el pelo. Y su sonrisa importante ¡La cosa más bonita del mundo!, entre cinco chulapas y un chulapo que también miran a cámara y la acogieron para la foto, todos alegres, todos sonrientes con el traje de fiesta. Madrid siempre acoge y ella es madrileña.

—Abuelo, ¿por qué tú no llevas gorrito?

—Parpusa, bonita. Se llama parpusa —recuerda que la respondió y quiso que volviera a sonar el organillo para vivir de nuevo aquel momento de ojos inocentes.

Al releer los relatos publicados no he variado ninguna palabra ni he cambiado las comas de sitio, como si ya no me pertenecieran del todo.

En estos años hemos pasado el confinamiento y la pandemia. Dejamos de tener clases presenciales y las reanudamos por Zoom. También me apunté al taller de Granada, «mis chicas de Granada», dice Pilar.

Las clases online son muy diferentes a las de presente, pero sirven de sucedáneo. Y estuve escribiendo, oyendo sus relatos, comentando los libros con Tachi, Pepa, Eduardo, Ana, Cristina, María José, la otra Cristina, Pilar, Marisa y alguien más que no recuerdo. Casi todo mujeres, pero ya lo veía como normal.

En el descanso para romper los dos periodos de clase (lectura y escritura) muchos recuadros de la pantalla dividida en cuadriculas se quedaban vacíos enseñando los salones y al mismo tiempo se escuchaba una explosión de alegría con el gracejo de Granada en conversaciones cruzadas.

La imagen del ordenador se parece a la real, pero solo se parece. Filtramos lo que vemos a través de nuestros tópicos, como suele ser: «Las mujeres son más bajas que los hombres». Cuando años después vi a algunas en personas, descubrí que estaba equivocado ¡qué placer poder volver a salir a la calle y vernos sin mascarilla!

Durante ese periodo, el ordenador fue una ventana al mundo: escuchamos conciertos, entramos en museos, asistimos a conferencias, nos acostumbramos al banco online, buscamos en archivos y seguimos escribiendo relatos. Algunos específicos sobre la pandemia, como el que reproduzco:

MOCHO DE FREGONA

Por fin llegó la fase uno de la desescalada tras dos meses de soledad con algunos paseos matutinos, muchos aplausos a las ocho y el móvil recibiendo mensajes a todas horas. Cogió la lista de las compras urgentes que no había podido hacer: un juego de sábanas, una bombilla de 100 vatios de los de antes, un mocho de fregona, calcetines de verano..., tenía que organizarse porque aún tenía miedo al coronavirus a pesar de la mascarilla.

Se acercó a mirar el mocho que había sido dorado, casi rubio, pero la mancha de café... «¿A quién se le ocurre limpiar el café del suelo sin mojar la fregona? —pensó— Pues solo a mí, pero no iba a dejar que se estropeara el parqué».

¡La de buenos ratos que habían pasado juntos!, y todo por una tontería: mientras fregaba el suelo —durante estos meses ha limpiado el apartamento todos los días, ¿Qué otra cosa podía hacer? —, en la radio sonó un tango al que nunca pudo resistirse: «volver», el de la cara marchita y las nieves del tiempo y él dio la vuelta a la fregona, ¿qué otra cosa podía hacer? El mocho rubio con mechas marrones del café se deslizó en sus brazos y juntos bailaron en el salón ese tango y otros después.

La fregona se dejó llevar. No era tan ágil como María con sus requiebros, ni tan cálida como Albertina con esa mirada canalla que sabe poner. Canalla y arrabalera, porque Albertina es buena chica y no es guapa, pero esa forma de mirar entre los acordes del acordeón la hacen interesante. Bueno, eso y el cuerpo rotundo de la juventud.

¿Cuántos buenos ratos había pasado con la fregona en los mejores salones del mundo en la soledad de su casa? ¿Cuántos aplausos les habían dedicado aquellas mujeres tan sofisticadas con el disco de tangos que rescató del armario?

Al principio no sabía entrelazar las piernas pero llevaba el ritmo y se dejaba inclinar. Nunca se quejó y estaba disponible para bailar siempre que él quería. El mocho rubio con mechas llenaba sus ensoñaciones. Giró la fregona y en su oído entonó «sabeeer, que la vida no es nada...» y supo que no cambiaría de pareja: lo nuevo es más atractivo —se dijo—, pero ¿Y si no sabe bailar?

Regresando a las clases de Madrid (que también fueron por Zoom durante ese periodo), no he nombrado a los compañeros que cada año cambian aunque la mayoría repetimos.

Insinué antes que esta situación fue un problema cuando escribí mi primer relato, y el segundo o el tercero: ¡Ellos sabían y yo no!, aunque intentaba esforzarme. Ellos (o más bien ellas por la proporción) afirmaban con la cabeza y yo me preguntaba qué querría transmitirme Pilar cuando me decía que necesitaba un narrador más cercano. Menos mal que no existió la barrera de edad porque como he dicho es un centro de mayores y para obtener el carnet hay que demostrar que se han cumplido los sesenta y cinco.

Entre los compañeros hay que destacar la delicia de los relatos que escribía Soco sobre su padre, la parra, la ermita y digo escribía porque nos dejó hace poco de una mala enfermedad. En clase leímos en su memoria uno de los suyos. Me he reído mucho con los relatos de Eduardo, hasta no poder más y me gustaban los de Milagros que ya no escribe, también los relatos gallegos de Pepe y los de Teresa que acaba de empezar este año y suele escribir de la vida cotidiana en la India.

No comento los relatos de los demás aunque, a veces, me sorprende la calidad de los que escriben esporádicamente. El orden para nombrarlos es complicado así que lo hago al azar empezando por Gloria, Nanda (intento seguir el orden en que estábamos sentados esta mañana), Teresa, María José, Beatriz, Juan, Mila, Paquita, Lupe, Dulce, Milagritos y Carmen. También tengo que nombrar a otros como Juan Paz y Soco (de los que ya he hablado), Cristina, y algunos que ya no vienen como Teresa, Antonio o María. Aprovecho para hacer la advertencia de que si en los relatos aparece alguno de estos nombres es simplemente por casualidad.

Ahora damos la clase en el aula de informática y estamos más apretados. En la cabecera de las mesas unidas para formar un solo espacio se pone la profesora, de espaldas al ventanal.

Comienza a hablar de pie, moviendo las manos, girando los dedos extendidos a la altura de los hombros, marcando el ritmo de las palabras incluso intentando dibujarlas: arriba, abajo. Las manos reposan o se elevan casi juntas, simétricas, separadas ligeramente como para coger un jarrón de flores. Habla deprisa mirando a unos y a otros, punteando nuestros ojos un instante para desvanecerse hacia el siguiente. Levantando ligeramente las cejas al acabar cada frase, con la cara algo inclinada para que se separe la punta de la melena de pelo rubio casi blanco que destaca sobre el gris o negro del jersey, nunca liso, con el largo pañuelo muy colorido anudado al cuello de forma aparentemente informal.

«Evocar, seducir, fascinar», va diciendo y se evapora de su cara la casi media sonrisa que nos ha regalado. Algo menos de media, tal vez un cuarto o solo el recuerdo de ella. Y sigue revolviendo el caos de ideas, recuerdos e intenciones donde palpita la vida de la obra que toca estudiar. «Sin metáfora no hay arte», repite, o «Se llama extrañamiento» y vuelve a repicotearnos con la mirada a uno cercano, otro en el extremo, luego hacia la izquierda. Todo al servicio de la vehemencia de los conceptos.

«¡Ya no hablo más!, ahora os toca a vosotros», interrumpe su discurso y se sienta, pero siempre dice algo más, una o dos frases antes de que llegue el silencio. Un instante de silencio que empezamos a romper con apreciaciones de todos los timbres, de mujeres y hombres, primero tranquilo para irse precipitando a medida que nos animamos.

Normalmente estamos alrededor de catorce aunque teóricamente somos veinte alumnos, pero entre todos aportamos siglos de experiencia y cada uno, normalmente, ha dejado que la obra se filtre en sus conocimientos, sus verdades o lo que ha leído o buscado en internet y la obra se va expandiendo y contrayendo: palpita. Salen porqués, aparecen cómos y temas parecidos mientras el reloj parece no correr pero corre deprisa.

Toca el turno del breve descanso y a que cada uno lea el relato que ha escrito, aunque pocos, demasiado pocos seguimos escribiendo.

Al seleccionar la sucesión de relatos que estoy incluyendo, para salir de la tristeza del confinamiento, he elegido alguno algo romántico, al menos eso me parece a mí:

EL CAFÉ DE LAS ILUSIONES PARALELAS

Los melancólicos acordes del piano bailan en el café. Las gordezuelas manos de la pianista sobrevuelan las teclas blancas y negras, y para llevar el ritmo, se ayuda moviendo los labios silenciosos: "Te vas Alfonsina con tu soledad, ¿qué poemas nuevos fuiste a buscar? …".

Disimuladamente mira al hombre sentado en el velador junto al ventanal, que, como todos los días, empieza a abismarse en sus pensamientos. Él levanta la vista y la ve; la ve y no la ve. Sus labios han comenzado a seguir la melodía: "por la blanca arena que lame el mar, su pequeña huella no vuelve más…". Es el inicio de la historia, de las miles de historias en que piensa y que empiezan así:

«¡Si ella hubiera dicho que sí!», «¡Si yo hubiera llegado a tiempo a la estación y la hubiera encontrado» El resto no ocurrió, pero lo ha imaginado tantas veces que es más real que la cafetería donde está, que la cerveza que sostiene en la mano, que las aceitunas negras en el platito blanco y ovalado. Incluso que la pianista que con los ojos cerrados ataca una nueva estrofa y ha ido envejeciendo en sus blusones floreados.

El hombre ha acabado la cerveza y recoge la gabardina cuidadosamente doblada en el respaldo de una silla. Deja el importe sobre la mesa y, de paso, con una inclinación de cabeza, un billete en la bandeja de mimbre que hay sobre el piano. Se dirige hacia la puerta desde donde escucha la melodía que se renueva y sigue sonando sobre la acera punteada por la lluvia: "la canción que canta en el fondo obscuro del mar, la caracola...", hasta que la puerta, a sus espaldas, se cierra con un «cloc».

El camarero recoge el importe y se acerca a la pianista:

—¡Rarito ese señor de todos los días! ..., con su trajecillo verde pasado de moda.

—No te creas, a mí me cae bien —replica ella.

—Ya he visto que le miras y él también a ti...

—Son muchos años; tú llevas apenas meses. Venía con una chica algo más joven que yo. No era guapa, pero vestía con estilo. Un día me pidió que tocara esta canción y en la mesa regaló a la chica un estuchito con un lazo dorado ¡La imagen más tierna que se haya visto! Él con ese mismo traje y ojos de cordero. A ella le gustó el anillo, pero no para tirar confeti. Me pareció que se sintió prisionera.

—Pero a ti, ¿te gustaría que se sentara algún día al piano a tu lado? —dijo guasón el camarero.

—Los dos dejándonos llevar por el ritmo... ¡No seas imbécil burlándote!, déjame acabar la historia. Una semana después él volvió cabizbajo, me pidió que tocara "*Alfonsina y el mar*" y eso he venido haciendo durante estos últimos años, pero él no me ve; él no ve nada —y en silencio, deja que los labios pintados de rojo se muevan con los últimos versos que el piano se sabe de memoria: "y te vas hacia allá, como un sueño...".

La palabra romántico es posible que no sea la correcta. Cuando era niño, en el cine de cerca de casa ponían dos películas por sesión. Una era de guerra y la otra de amor. El relato que he elegido no es de guerra.

¿Cómo surgen los relatos? De la vida, de los recuerdos, de..., ya lo he ido diciendo. Pero en un momento se coge el bolígrafo (antes me gustaba escribir con pluma) y la historia que tengo en la cabeza se transforma en párrafos para conseguir un primer borrador (normalmente desordenado). Sobre ese borrador corrijo con un lapicero, que a fuerza de sacar punta va disminuyendo de tamaño, quito ideas, amplío alguna nueva posibilidad, ordeno y dejo que los personajes me indiquen nuevas posibilidades mientras me acerco hacia el relato definitivo.

¿Cómo surge la historia? Normalmente tengo cinco o seis ideas inacabadas de relatos girando en la cabeza.

Muchas veces me he imaginado que escribir un relato es parecido al trabajo en un atelier confeccionando sobrios trajes o vaporosos vestidos de fiesta. Las herramientas, los patrones y las telas habrían salido del famoso caos que borbotea en el caldero: telas de mil colores, de mil calidades, de mil trasparencias distintas. Cada vestido inacabado que cuelga de un maniquí espera a que el modisto encuentre la tela adecuada, algún detalle, un volumen adicional, una idea rompedora.

A estas historias les falta algo y basta con ver una cara especial en el autobús, escuchar una conversación en el mercado, relacionar con alguna otra idea y el relato coge forma en la cabeza. El resto es conseguir enderezarlo.

Para el siguiente día debíamos escribir un relato titulado «Un gran amor», aunque me tomé una pequeña licencia porque ya no soy tan obediente:

CHIQUILLADAS

La mujer madura sigue leyendo con interés la biografía. Le gusta leer por las tardes hasta que sus hijas vuelven del instituto. «Dicen que ha muerto. Dicen que era un genio de las industrias farmacéuticas y también inmensamente rico ¡Dicen tantas cosas de él!», reflexiona poniendo un dedo entre las páginas para que no se cierre el libro. Con la vista busca su antigua enciclopedia del colegio en lo alto de la estantería. Tiene el canto machacado pero es uno de los pocos recuerdos que conserva de la época escolar.

Acaba de leer que se acordaba a menudo de un flechazo de juventud en el verano del ochenta y que ese recuerdo siempre interfirió en su vida sentimental, como aseguran las que fueron sus esposas. «Ahora —piensa— quieren abandonar el apelativo de *divorciada* y se están disputando el honor de ser la *viuda*: primera esposa, segunda esposa, como en los serrallos orientales».

Recuerda que a raíz de su muerte, dos periodistas americanos habían venido al pueblo para investigar, cuando escribían la biografía, sobre aquel misterioso amor de juventud y un amigo la avisó que estaban haciendo preguntas. «¿Qué iba a decir yo a aquellos buenos señores?, ¿que una tarde subimos hasta la ermita y me cogió de la mano? ¡Chiquilladas! como les digo a mis hijas», vuelve a lamentarse.

La mujer conserva una figura estilizada y atractiva a pesar de los tres embarazos que ha tenido. Con los dedos de la mano izquierda se atusa el pelo, largo y liso, teñido de caoba, y se va sumergiendo en razonamientos lejanos: «La segunda esposa dice que se solía acordar de las fechas importantes, pero que en los aniversarios jamás le hizo regalos de valor —Mueve la cabeza desaprobando—. La primera esposa también dice que no llegó a adaptarse al mundo competitivo, materialista y cruel en que les había tocado vivir, y que a pesar de los años seguía estancado en la inocencia. Que su personalidad era un inaguantable carrusel entre la fuerza del genio y la simplicidad del niño».

En las caras de sus hijas ha visto muchas veces la misma mirada poética, la misma ensoñación, la sonrisa en el tiempo que ni va ni viene, que entonces se veía en el espejo. «Chiquilladas ¡Ya espabilaras!», le decía su madre.

Pero nunca se olvida. Primero fuimos amigos, recuerda, y podíamos mirarnos, hasta que de pronto sus ojos me miraban cuando yo no miraba y se escondían cuando le miraba. Necesitaba estar con él y al mismo tiempo me daba vergüenza. A su lado el mundo fue una aventura que se estrenaba en cada instante.

Es preferible que en la biografía quede como un amor de verano cuando tenía catorce años. Ella, trece ¡Chiquilladas!, como suele repetir a sus hijas. Vuelve a mirar hacia la enciclopedia y los dedos, como entonces, desenredan el pelo en hilos de seda.

En la página sesenta de la antigua enciclopedia sigue aplastada y seca la margarita que él le regaló. Lo comprobó al enterarse del accidente, pero tuvo que cerrarla para que sus hijas no vieran la tristeza que era necesario tragarse con el aire de la exclamación que no llegó a pronunciar.

Antes de comenzar la cuesta, él se agachó en un campo cuajado de margaritas, y cogió una. Ella pensó que la iba a deshojar preguntando «¿Me quiere?, ¿no me quiere?, ¿me quiere...», como solían hacer los chavales —mientras lo recuerda, deja de ser madre para convertirse en mujer—. Pero le dio la flor a ella y pareció arrepentirse de cortado que se puso. A ella se le subieron los colores sin saber si debía darle un beso, pero no se lo dio «¡Qué tonta!», se arrepiente como cientos de veces se ha arrepentido. Al día siguiente, él regresó a Madrid con sus padres. Nunca se volvieron a ver.

«¡Chiquilladas! —como les digo a mis hijas— ¡Ya espabilareis!».

Fue el final del verano y de las vacaciones, y pensó que la vida era cruel, pero la vida es simplemente así, los años lo demuestran. Solo dos meses hace treinta y cinco años.

El chico al que siempre debió un beso y que desde la ermita le enseñó los colores de la puesta de sol, no ha muerto, aunque lo ponga en la biografía que está leyendo. Seguirá habitando en su memoria porque no fue una chiquillada. «Estuvimos enamorados», así lo recuerda ella, y volvieron corriendo a través de la noche cogidos de la mano para no llegar tarde a casa.

Deja la biografía sobre la mesa. No le importa que se cierre porque son solo mentiras y cosas sin importancia. Va hacia la estantería y se levanta de puntillas para alcanzar la vieja enciclopedia. En esa posición, con las piernas estiradas y los brazos levantados parece más joven todavía.

Han pasado los meses y algunos años desde mi jubilación. Durante el primer mes, Pilar me fue proponiendo correcciones de guante blanco, pero el quinto relato prácticamente lo destrozó hasta el punto de que al acabar la clase una compañera me dijo: «No te preocupes, Miguel. Nos lo ha hecho a todos».

Después del chasco inicial, en clases sucesivas, noté la aparente misma inquina hasta que descubrí que eran clases particulares de cinco minutos especialmente para mí dentro de la clase general. Alguna compañera no lo comprendió así y meses después comentó: «No entiendo por qué critica tanto tus relatos. Son bien bonitos».

El enamoramiento, el tonteo, la ocasión, son importantes en la vida y tienen muchos matices y puntos de vista de los distintos personajes que intervienen. Voy a poner un tercer relato al que di un aire lúdico.

ARROCES

Ana espera sentada a que llegue el profesor. Al salir de casa ha pensado que iba vestida demasiado formal y tampoco encajaría en el ambiente de la clase. Ya han llegado las tres pititas y el matrimonio joven que quieren poner un restaurante. A las dos de la derecha no sabe cómo encajarlas, hablará con ellas en el descanso, aunque la rubia le ha parecido un poco ordinaria.

Lleva dos semanas diciéndose que son problemas por cambiar de turno en una ciudad donde se respira soledad, ni siquiera conoce a los vecinos. Había conseguido encontrar algún amigo en el trabajo, pero le ofrecieron hacerle fija en el turno de tarde ¡Por fin fija!, o seguir de interina por las mañanas. Los primeros días fueron maravillosos: levantarse a las once, comprar tranquilamente, pero luego...

Mira el reloj, faltan cinco minutos para que empiece. La rubia la mira descaradamente, casi desafiante, midiéndola, no hablará con ellas. Se encuentra demasiado sola y necesita crearse una dinámica. Los que conoce, a estas horas están trabajando y los fines de semana cada uno se dedica a sus cosas. «Apúntate a algo», le dijo su madre por teléfono y aquí está en clases de cocina.

—¡Buenos días! —dice el profesor al entrar. Viene rodeado de tres alumnas, las que se sientan a la izquierda y se ríen tanto.

Ana recuerda el comentario de una de ellas que no sabía si venir al curso o mandar a la criada que era una sosa cocinando y las otras dos rieron a coro, como gallinas. Piensa que deben ser inaguantables. Se centra en el profe, tiene los dos primeros botones de la chaquetilla desabrochados y está guapísimo, más que el otro día.

—Hoy vamos a seguir estudiando los colores. El éxito de cualquier plato se basa en los colores, las texturas y los aromas.

—¿Nos dará la receta al final, como el otro día? —interrumpe la de la criada.

El profesor afirma con la cabeza y hace indicación a todos para que se acerquen. Destapa la caja que está sobre la mesa y aparecen siete cuenquitos redondos de cerámica blanca llenos de especies, desde el rojo del pimentón, al menos eso cree reconocer Ana, pasando por marrones, verdes, amarillos, blanquecinos o negros. Es como una caja de acuarelas alrededor de una fuente cerámica con tapa de arabescos, todo un espectáculo de las mil y una noches.

—Hoy no vamos a trabajar con verduras como el otro día, ¿os acordáis del rojo de la salsa de tomate?, o más rojo del pimiento, el verde del calabacín, el cuadro abstracto de la lombarda —Ana recuerda la fina rodaja morada y blanca, haciéndose lentamente a la plancha y al profesor acariciando la tersa piel de la berenjena como a una mujer de caoba—. Hoy vamos a partir de un simple arroz cocido.

Levanta la tapadera y aparece el blanco del arroz cocido de granos sueltos.

—Es arroz de grano largo que no se pasa —dice con voz modulada.

—¿Nos dará la receta? —pregunta la misma voz desagradable de siempre.

Afirma el profesor y empieza la explicación. Sus manos parecen golondrinas apoyando las palabras, encendiendo los fuegos, echando el aceite y separando delicadas porciones de arroz de un blanco intenso con una cuchara de palo. Es guapo, piensa Ana, bueno como diría su amiga Margarita con la nariz algo apepinada, «lo dejaremos en resultón», pero habla y se mueve tan bien, debe de ser buen bailarín...

—Lo combinamos con pasas, piñones, cebolla, ajo, incluso con pimiento.

—¿Nos dará la receta?

—Todas las recetas. No te preocupes y atiende.

El aire se va llenando de aromas mientras sobre los siete fuegos azules se calientan las siete sartenes con aceites suaves como ha recomendado «de girasol; con el de coco queda más exótico». Van apareciendo los arroces amarillentos del curry, el verdoso de aroma picante, el rojo fuerte del pimentón, o el más oriental con un toque de aterciopelada canela.

Ana, empujoncito por aquí y perdón por allá, consigue ponerse junto al profesor.

—¿Te puedo ayudar?

—Sí, remueve este con la paleta ¡Gracias! Con cuidado para que se vaya haciendo sin quemarse —Le ha asignado el de pimienta verde y ella se siente Sherezade.

Pronto aparecen más voluntarios y los arroces acabados se emplatan para hacer la degustación: «¿Cual decíais que es este?», «¡Cuidado con el de la esquina que pica que rabia!» Ana piensa que al acabar la clase se quedará hablando con el profe, aunque la rubia maleducada intentará interponerse. Las pititas también son muy pesadas.

Escucha abrirse la puerta. El profesor mira y un chispazo alegre sale de sus ojos castaños. La chica que ha entrado refleja el mismo brillo y sonríe con los dientes matemáticamente alineados.

—Espera un segundo, Inma. Ahora mismo acabamos.

El caso es que tampoco es tan guapo, se dice Ana y además no me soluciona porque trabaja de mañanas.

Los compañeros (sin la profesora) tenemos un grupo de WhatsApp donde escribimos y preguntamos «¿Qué llevamos para el próximo jueves?», «Hoy no podré ir tengo dentista» o cosas por el estilo y también fotografías de cuadros o de paisajes, comentarios tontos, algún meme pero pocos, las quedadas para tomar una cerveza o alguna fotografía de algún nieto recién nacido que es muy celebrada.

Por alguna razón en estos mensajes no solemos poner el signo inicial de la interrogación y por supuesto los acentos a no ser que el corrector se empeñe como suele hacer con alguna palabra. Los jubilados somos gente curtida en mil situaciones que nos adaptamos a la forma de actuar de las nuevas generaciones (aunque, en mi caso escriba con un solo dedo) y nos adentramos en lo que inicialmente era el mundo de nuestros hijos.

Tuve una época en que intenté experimentar en la escritura ¿Cómo meter a cinco personajes en un relato de dos folios? Demostré que yo era incapaz y solían acabar con calzador en un bodrio. Muchos de aquellos relatos viajaron directamente a la papelera, pero en eso consiste el aprendizaje: la ciencia progresa gracias a la prueba-error, prueba-error, hasta que acierta con una solución. Hay algunos relatos, concretamente uno, en el que hubo división de opiniones, porque a mí me gusta y a los demás no.

Tengo que aclarar que hay escenas que nos han ocurrido a todos cuando reunimos a gente muy maja de distintos grupos y se produce un desastre. Concreto más: todos vivimos al mismo tiempo en distintos planos, por ejemplo: la familia, los amigos, los amigotes, los antiguos amigos, los compañeros de trabajo, etc., y las relaciones son correctas, incluso divertidas. Pero en algún momento reunimos personas de varios grupos, como puede ser una comida de trabajo con esposas. Durante esa comida, ¿en qué plano actuamos: como compañeros de trabajo o como esposos?

Ha sido una introducción demasiado larga y como dice Eduardo Waisman: «Todo relato que necesita ser explicado es un relato fallido» Hubiera sido más sencillo recurrir al típico cuñado en la comida de Navidad. La ambigüedad del plano en que actúa cada persona produce una intranquilidad que quise transmitir al lector.

Como he dicho, solo a mí me ha gustado y en el caso de que le agrade a alguien más ya seremos dos. Además, cuando lo escribí acababa de apostar por la innovación.

HELICOIDAL

Observó por el espejo retrovisor que nadie merodeaba en los alrededores. Sacó de la guantera el revólver, comprobó que estaba cargado e hizo girar el tambor con un traqueteo metálico. Lo guardó en el bolsillo del abrigo. Bajó del coche y caminó por la acera pegado al paredón rugoso hasta la esquina. Primero miró hacia atrás y luego a la casa a través del jardín.

No había nadie. Se puso los guantes. Rodeó la casa hasta la puerta trasera. Empuñó la pistola. Hizo girar lentamente el tirador y la puerta se abrió. Escuchó con atención: ningún ruido. Comenzó a subir por la escalera pobremente iluminada desde arriba. Salió a un pasillo luminoso como el primer instante de la creación, las paredes blancas, las puertas blancas. Fue contando las puertas. Se paró frente a una con la manecilla recubierta de porcelana.

Se apagó la pantalla y encendieron la luz. Un hombre bajito agitando el guión que llevaba en la mano dijo que le parecía demasiado brusco, otros dos que lo encontraban bien y un cuarto, de voz aguda, añadió que la escena necesitaba un fundido en negro. Él, el actor, siguió sentado en la silla girándose la alianza con los dedos de la mano izquierda. No le había gustado del todo su interpretación, el personaje necesitaba mayor fatalismo e indiferencia.

Se levantó y sin despedirse se dirigió hacia la salida. En la calle encendió un cigarro pero solo dio tres caladas y lo tiró con fuerza contra el suelo. Rebotó hasta quedar moribundo junto al bordillo. No lo pisó. Caminó hasta el apartamento. No tenía ganas de estudiar. Cenó un sándwich y se acostó temprano. Las sábanas olían a recién lavadas como cuando era niño.

Al sonar el despertador se levantó de un salto. Mientras se afeitaba recordó el sueño: subía por una vereda junto a un arroyo de aguas transparentes que tomaban tonalidades perla en las pequeñas cascadas; caminaba por la montaña con inocente felicidad. Una mujer le acompañaba pero no pudo recordar su cara.

Se vistió con prisa y llegó a la casa. Le pusieron el abrigo negro y le retocaron el pelo mirando una fotografía. Se quitó la alianza y la guardó en una cajita que metió en el bolsillo. Se puso los guantes y cogió el revólver, un brillo metálico rebotó en el cañón. Escuchó: «Silencio, cámara y... ¡Acción!», después el golpe de la tablilla. Abrió la puerta. Miró a la chica (creyó recordar los ojos azules del sueño), consiguió mostrar una infinita indiferencia, casi con desprecio fatalista. Dejó el revólver sobre la mesa y también los guantes que se quitó parsimoniosamente. Se acercó a la ventana, la abrió. Contempló la montaña cubierta por el bosque de secuoyas y entonces se escuchó el disparo. Lentamente, muy lentamente como en una coreografía kabuki cayó muerto.

Creo que los comentarios de las lecturas que hacemos en clase son tan importantes como escribir. Las obras y los personajes suelen influir en mis relatos posteriores. Al compilar este grupo de relatos he releído muchos y he podido apreciar un aroma común, aunque no plenamente diferenciador, frente a muchos libros que leo en los que sí encuentro estilos diferentes para cada autor. Me pregunto si es bueno seguir aceptando influencias o persistir en un estilo propio a costa de imitarme a mí mismo, repitiendo y mejorando.

Los autores elegidos normalmente son modernos, muchos con un premio Nobel a las espaldas. Pero también hemos comentado obras clásicas; por ejemplo *Fortunata y Jacinta* de Pérez Galdós, que influyó en mi siguiente relato:

HERIDAS ABIERTAS

Cada ciudad tiene sus propios protocolos y en esta, tenían fama las cenas que ofrecía la señora de Galindo. Nadie que no hubiera sido invitado durante el último año era algo en la ciudad. Yo, por aquel entonces, era director de una sucursal bancaria —joven y con futuro, según decían— y gozaba de la amistad del matrimonio, tanto de don Marcelino Galindo como de Isabel, su esposa y auténtica promotora de las veladas, por lo que era raro el mes en que no asistía a alguna.

Ya no eran de gala como habían sido, pero junto al día y la hora, en la invitación nominativa se indicaba: «Hombres con traje oscuro y mujeres con vestido de coctel».

Los invitados disfrutábamos de la cena, la hospitalidad, la casa y la agradable compañía. Recuerdo a don Marcelino con sus trajes antiguos y la punta del pañuelo asomando del bolsillo superior de la chaqueta, un toque blanquísimo en el gris marengo o azul oscuro, sus colores favoritos. Siempre serio, con voz rocosa, incluso en el brindis, que era fuerte como un cañonazo: «¡Por nosotros!» y levantaba la copa con los dedos huesudos que la edad había tallado a martillazos.

Ella, Isabel, era regordeta, cordial, teñida de rubio, de ojos expresivos. Una flor que durante las cenas era capaz de intervenir con dulzura en todas las conversaciones dejando un aroma inolvidable en los invitados.

Ya se lo había oído anteriormente, pero fue en la cena grande del día anterior a la Bajada de la Virgen. Era un día especial y debían tener cerca de cuarenta invitados, incluido el señor Obispo, que asistía y bendijo la mesa antes del brindis-cañonazo de don Marcelino. La cena fue deliciosa como siempre. La crema de verduras traía a la boca los aromas del campo y en el segundo, un pato lacado nos transportó al oriente misterioso con todas sus insinuaciones. Un auténtico éxito. Varias mujeres habían pedido la receta a Isabel y ella juguetona contestaba «es un secreto» mientras movía las manos en círculos como una bailarina. Y entonces lo dijo: «Lo auténticamente importante de una buena cena es saber diseñar el menú. Luego, cualquier cocinera palurda, algo desbravada, ¡claro!, puede guisarlo».

Lo demás fueron casualidades: Guillermina, la cocinera, necesitaba aclararse el pelo y un corte que disimulara sus hechuras hombrunas, porque se casaba su hermana, y fue a la peluquería. Mientras esperaba su turno leyendo una revista antigua, escuchó una conversación entre dos señoras. Una, había asistido a la cena y alagaba el buen gusto de doña Isabel y lo bien que había resultado la velada. De pronto, escuchó lo que la anfitriona opinaba sobre diseñar el menú y la cocinera pueblerina. La alegría se tornó en dolor. Pensó que, efectivamente, había venido del pueblo conociendo solo las cuatro reglas de la cocina, pero se había fijado en lo que hacía la cocinera anterior y tenía habilidad. Doña Isabel le había prestado un libro de recetas que ella estudió con impaciencia. En sus tardes libres, para mejorar, mientras las otras chicas iban al cine o de paseo, ella había trabajado durante dos años de ayudante de la profesora de cocina en las Ursulinas y más tarde en el Hotel Cervantes bajo la supervisión del primer maestro de cocina ¿Una palurda yo?, se preguntó.

También, recordó que había comprado infinidad de libros de reconocidos chefs que estudiaba por las noches y que mentalmente cocinaba mientras se iba quedando dormida: el mérito de los platos era suyo.

Tenía muchas ofertas de trabajo que siempre había declinado porque le gustaba el tono almibarado con que la trataban en la casa y que los nietos de Isabel la llamaran «Mina» cuando se cogían a su delantal.

Al volver de la boda se despidió —la despedida fue tensa, cada mujer en sus razones aunque no se habló de la conversación de la peluquería que ya había llegado a oídos de la señora de Galindo—. Entró a cocinar en casa de un constructor que no solo pagaba mejor, sino que dispondría de una habitación para ella sola, tres tardes libres a la semana y un fin de semana completo cada tres.

Isabel contrató a otra cocinera e hizo pruebas durante un mes, después dio su primera cena con diez invitados que consideraba de casa, entre los que me encontraba. La palabra desastre no es exacta, pero se le parece, incluso el perfume de Isabel se fue diluyendo en la velada. Hizo un segundo intento que no mejoró el anterior.

Cambió de cocinera. Fue de dominio público otro fracaso y acabó encargando comida preparada al hotel Cervantes, pero sus menús ya no eran únicos: cualquiera podía ir a degustarlos al restaurante del hotel. Solo una vez, en un pastel templado de perdiz, descubrió aromas antiguos que abrieron sus recuerdos, tal vez fuera una solución, pero se auto prohibió indagar por la cocinera que lo había confeccionado.

Las cenas ofrecidas por la señora de Galindo dejaron de darse. Solo, por tradición, continuó con la de la Bajada de la Virgen, pero ella nunca volvió a ser la abeja laboriosa que volaba de invitado en invitado alegrando la velada con su vocecita de confitura: «¿Les ha gustado el toque del pescado?». Se adueñó de las cenas el espíritu seco de don Marcelino, que al hablar gesticulaba con vehemencia e incluso movía el índice extendido cuando quería argumentar que él, en dos patadas, arreglaría lo que necesitara ser arreglado del mundo.

El nuevo jefe de Guillermina era constructor y solo daba cenas de negocios. Era un contrato de trabajo, no había nietos, no había palabras almibaradas, no había favores de cambios de turno. Ella cocinaba menús que combinaran con el buen vino que su jefe quisiera ofrecer a los invitados. «Hoy quiero de primero algo con sabor a champiñones y de segundo un solomillo con una salsa suave y de postre... lúzcase», le encargaban. Y ella se lucía, pero notaba que lo importante de aquellas cenas era que los hombres se retiraran a la sala de billar a degustar el magnífico coñac que su jefe hacía importar directamente de Francia. A veces la llamaban para que subiera con el mandil almidonado después de alguna cena, y la presentaban a los comensales: «Guillermina, nuestra maravillosa cocinera», y la exhibían como trofeo de los señores que consiguen lo mejor. Ya nunca volvió a comprar libros de cocina.

Poco a poco se fue decepcionando y un par de años después se enamoriscó del propietario de una charcutería del mercado. Acabó casándose con él y despachando detrás del mostrador. En esos años se hizo mítico su pollo trufado y el paté a las finas hierbas. Muchos lunes (solía cocinarlos los fines de semana), hice cola en el puesto antes de que se acabase. Se la veía feliz.

Una tarde, doña Isabel se acercó al mercado, no tuvo que preguntar a nadie para localizar el puesto, se había informado previamente. Solo quedaba un cliente al que Guillermina —los martes por la tarde estaba sola en el puesto— atendía, pero los ojos de todos los tenderos, pescaderos, carniceros, panaderos y ultra marinistas, se posaron en la escena. Incluso el zapatero que estaba en la esquina dejó de golpear con el martillo. Isabel esperó a que llegara su turno. Guillermina se hizo un lio con los pesos, pensó preguntarle por sus nietos, pero no hablar de lo que oyó en la peluquería. Le diría que ya no quedaba pollo trufado pero que si quería el siguiente lunes podría guardarle un poco, incluso llevárselo a casa. Se preguntó si estaría bien darse un par de besos, o la mano. Recordó las cazuelas de la gran cocina como relucientes engranajes de un reloj preparado para ponerse en marcha y la ventana que daba al jardín por la que entraba el sol de la mañana. Recordó a don Marcelino con la pipa en la boca, sentado en batín en la biblioteca, cuando ella le llevaba el café de media mañana: «El escabeche de las codornices de anoche —y un gesto rápido de la mano paralelo al suelo, con la palma hacia abajo, como un hachazo— ¡El no va más!». Sintió rabia porque uno de los fluorescentes parpadeaba, deberían haberlo cambiado. Comprobó que tenía bien abrochados los botones y se recolocó las solapas de la chaquetilla de algodón blanco con ribetes azules y el nombre bordado en el bolsillo.

Luego dio las vueltas al cliente y se quedaron solas las dos. La mandíbula caballuna de la charcutera esbozó una sonrisa.

—¿Qué tal, Guillermina?

—¡Bien, bien, señora!, ¿ya sabrá que me casé? ¿Qué tal están ustedes? —Habían pasado cinco años, una eternidad.

—¡Bien!, los nietos muy crecidos.

Se miraban con ojos confusos y aquellas sonrisas de entonces, cuando se comprendían sin necesidad de hablar.

—Me pones cien gramos del mejor jamón york que tengas.

—Este —dijo Guillermina cogiendo una gran pieza del mostrador— le encantará, es muy jugoso.

—De ese mismo ¡Tú los conocerás mejor!

Guillermina puso la pieza en el corta fiambres y con mucha calma —como preguntándose si querría decirle algo más o si consideraría que ya había dicho suficiente y era ella la que debía intervenir— cortó tres lonchas, lo pesó: ciento cinco gramos. Lo envolvió sonriendo con un nudo en la garganta. Al entregar el paquete estuvieron a punto de rozarse sus manos.

—Nada más, Guillermina, muchas gracias.

Pagó y recogió las vueltas del mostrador. Con los labios regordetes dibujó la misma sonrisa de siempre pero algo ahuecada como cuando tenían fiebre sus nietos y caminó con el cuello erguido y cara impersonal hacia la salida, sintiéndose mirada. Guillermina vio empañarse la figura que se alejaba.

En otros casos reflejo problemas más actuales como el de los padres que ven alejarse a los hijos.

Hace años, al leer el Poema de Gilgamesh escrito en cuneiforme hace cuatro milenios y medio, me impresionó que los sentimientos de los protagonistas fueran tan similares a los nuestros. Por ejemplo, cuando Gilgamesh (con tres partes de dios y una de humano) pregunta a su amigo por qué llora y se da golpes de pecho. Ekidú le responde:

«La mujer que yo amaba, amigo mío,

ha echado sus brazos a mi cuello

y se ha despedido de mí.

Mis brazos cuelgan, flojos,

y mi fuerza se ha trocado en debilidad»

Los hombres (y lo digo en sentido genérico no refiriéndome únicamente al macho) en el fondo no cambiamos, pero se modifican las apariencias.

NUESTROS NÓMADAS

Y de pronto, se apagó la luz cuando los cuatro estábamos en casa viendo la final por la tele.

—¡Lo que nos faltaba! —gritó enfurecida mi hija encendiendo el móvil. Una isla de luz que puso sobre la mesa para iluminarnos.

Se levantó y a grades pasos se acercó a la ventana sin soltar la bandera. Corrió las cortinas: «ha sido en toda la calle, ¡no me lo puedo creer!». Abrió la ventana con rabia sin importarle los golpes. El aire mate de fuera conservaba algo de claridad. Era caliente y penetró en el salón acompañado de los gritos de protestas en otras casas. Por un momento notamos que se mezclaba la transparencia de fuera y la oscuridad encerrada de casa. Piter siguió sentado con la camiseta blanca de equipación que resaltaba en la escasa luz. Era la primera vez que entraba en casa. "La niña" le había convencido para que viera el partido con nosotros.

Piter —se escribe Pieter y la "e" es como una "i" alargada— estudiaba, como ella, el máster de física matemática. Se habían conocido cuatro años antes en el Erasmus en Londres y desde entonces era un electrón libre en nuestra casa. Nunca le habíamos visto pero mediatizaba todas nuestras decisiones.

—¿Son normales los apagones en España? —Su español era perfecto, incluso con los mismos modismos que utilizamos en casa. Por eso y por sus cuatro idiomas había encontrado trabajo en una hamburguesería, como "la niña" que sabía dos y chapurreaba otros dos, aunque ella solo trabajaba los fines de semana en los que no venía a dormir y nosotros, que nos considerábamos un matrimonio liberal, no preguntábamos. Ya tenía veintiséis años.

Siempre, la primera vez, es un examen que hay que superar y por la tarde habíamos preparado una tortilla de patata, jamón, queso y canapés para un regimiento. ¿Será poco? ¡Saca los platitos azules del aparador! ¡Con cuidado! ¿Habrá suficientes cervezas? —ordenaba convulsivamente mi esposa— ¡Nos van a decir que se van a vivir juntos! ¿Por qué lo sabes? ¡Lo sé!, y luego se entristecía: ¡No quiero tener a mis nietos en Alemania ni en Singapur!

Los padres queremos que nuestros hijos sean felices y tengan seguridad. Piter era alto, con el pelo rubio largo y cara colorada de niño bueno. Me había gustado el franco apretón de mano y su sonrisa tímida al entrar en casa. Ya sabían dónde estaba la felicidad, pero la seguridad...

"La niña" había vuelto de Londres más asertiva y aficionada al fútbol —insultaba a los árbitros en inglés—. No entendía de posicionamiento ni de desmarques, pero lo suplía con el incondicional ardor juvenil. Piter sí entendía y charlamos sobre la defensa en línea, luego pasamos a los estudios y terminamos charlando del trabajo. La pantalla de la televisión en negro guardaba el secreto de lo que estaba pasando en otra parte e invitaba a rellenar el tiempo hablando. La conversación fluyó. "La niña" y Piter no rehuyeron las trampas que les iba poniendo sobre el porvenir inmediato —a escondidas, mi esposa me apretaba el brazo para que no lanzara más chinitas a la conversación— y resultó que las "ocurrencias" (así las llamaba yo) de mi hija eran parte de un mundo complejo que, a medida que lo iban exponiendo en detalle podría ser coherente, aunque arriesgado. No llegaron a urgirme para que me desprendiera de los caducos principios inamovibles a los que con la edad me iba aferrando. Para ellos lo único importante era el futuro. Ciencia y futuro. Aunque, como ocurre siempre en los sueños de juventud, muchas piezas no encajaban en el puzle.

—Pamplona y Múnich está a la misma distancia en tiempo, que es lo que cuenta.

—No es lo mismo —respondía yo ante sus argumentos, y sigue sin ser lo mismo, pero pensé que "la niña", a la que siempre habíamos sobreprotegido, con el tiempo espabilaría.

Volvió la luz, volvió la televisión y el partido. La conversación, barrida por la emoción, desapareció. Íbamos ganando uno a cero. Metimos otro gol. Recuerdo a mi hija dando saltos y ondeando locamente la bandera. Él, como buen holandés, que apenas nos conocía, estuvo más comedido.

Las predicciones de mi esposa resultaron ciertas y una semana más tarde se fueron a vivir juntos. Tuve una nieta en Alemania y el nieto que nació en California se considera holandés y español, y no sabe bien si el duque de Alba fue un héroe o un asesino, pero me quiere y le quiero.

Pensé que con el tiempo buscarían seguridad. Pero siguen con la vida nómada por las estepas del mundo buscando los oasis de proyectos donde se respire la «auténtica ciencia», y en cambio, no son muy diferentes de nosotros, y no solo por el parecido del mentón o el brillo que aparece en sus ojos al vernos.

¿Qué si estoy preocupado?, ¿yo, que solo me siento seguro cuando me cruzo con las mismas personas en las mismas aceras?, ¿cómo no voy a preocuparme? Abandonaron un buen trabajo en Alemania para enrolarse en un proyecto en otro continente, que luego dejaron por otro sobre gravitación a seis mil kilómetros, con los niños a cuestas, porque era innovador. Así de contradictoria es la vida: en la oscuridad del apagón creí ver porvenir, pero a plena luz no veo nada. En estos veinte años no he cesado de recomendarles prudencia y que dejen de llenarse la boca con tanta ciencia y piensen en un trabajo fijo donde sus hijos puedan echar raíces. Ayer, por teléfono, les hice pasar por mía una frase de Ronaldo Menéndez que acababa de leer: «Nadie es de ninguna parte mientras no tenga muertos bajo tierra».

—¡Que antiguo eres, papa! —me respondió ella, que ya se tiñe las primeras canas— ¡Uno es de donde encuentra futuro! —sentenció con ese acento algo alemán que se le está poniendo.

Indudablemente una buena respuesta, pero se le notaba preocupada porque "la niña" —hace dieciséis años que le robó el apelativo— quiere irse a estudiar sola a Bolonia.

En clase jamás hablamos de política; muy esporádicamente de religión y más bien en corrillos aislados. Procuramos centrarnos en el hombre, el hombre y la mujer, sentimientos, aspiraciones, deseos y su relación con el mundo.

Hasta ahora he incidido en varios aspectos de la técnica narrativa y poco del fondo. Si no hay nada que decir no se puede decir nada ¿De dónde salen esos temas? Ya he comentado, que de nuestra vida cotidiana, de las conversaciones y los recuerdos. También, que en clase, durante el coloquio afloran trocitos del caos (que engloba el todo). Revolviendo y revolviendo, macerando y pasándolo por el diferente tamiz de cada compañero y su experiencia de muchos años, sin necesidad de cambiar de parecer por las opiniones de los demás, ni tratar de convencerlos, abrimos las puertas para valorar internamente nuestra posición.

La sociedad actual es distinta a la que vivimos de pequeños cuando se podía ir al banco sin pedir cita y no nos atendía un contestador automático, ni los médicos auscultaban por teléfono y los hoteles se reservaban en la agencia sin necesidad de buscarlos en el ordenador o aquel primer Seat 600 de nuestros padres: una forma de vida que está desapareciendo. Dicen que todo es más fácil ahora pero que necesitamos hacer un esfuerzo de adaptación.

Somos mayores y podemos aprender, pero solo hacemos el desagradable esfuerzo por lo que realmente necesitamos. A nuestro alrededor hay infinidad de montañas que crecen sin nosotros con conceptos que nos resultan difusos ¿Serán importantes en el futuro o flor de un día?

Hay un personaje (o algunos personajes de características similares) que aparece reflejado en muchos de los relatos: se aferra al mundo que fue y en la mayoría de los casos se convierte en un perdedor. Es un personaje del pasado ¿Es importante para el futuro? Un ejemplo aparece en el siguiente relato:

TERRITORIO FRONTERIZO

Los recuerdos son las únicas sensaciones de las que uno no puede exiliarse. Por eso, con su anticuado traje de rayas —que ya era antiguo cuando lo estrenó—, mira atento las evoluciones del volquete, solo a él parece afectarle. Los demás son ociosos mirones, gente a la que no le une nada.

Está en primera fila como un neumático pinchado en el arcén de una carretera, sin importarle el polvo y el ruido de las maquinas, ni del camión que descarga un contenedor. Tiene la mano aferrada a la valla. Parece un jubilado de los que miran las obras pero no lo es, se le nota en los ojos de nostalgia, en la tensión de los hombros, en la determinación por mirar y en el hierático perfil de cejas hirsutas que esconde la soledad que todos perciben.

El grupo de casas bajas, al que llamaban barrio, quedó aislado en los años cincuenta cuando construyeron las dos carreteras —que luego fueron autopistas—. Encerrado entre las carreteras, el campo de higueras y la fábrica que pusieron a un quilómetro quedaron abandonadas a su suerte y se convirtió en un territorio fronterizo con las mismas contradicciones que tiene internamente cada hombre: se respetaban las costumbres del barrio sin adaptarse del todo a las de la ciudad.

Le hubiera gustado poder acceder al interior de los antiguos billares para ver por última vez las paredes desconchadas, el papel pintado y las tardes baldías de su juventud.

Cuando construyeron el puente que los unió al otro lado de la autopista y en los campos de higueras edificaron cientos y miles de casas de cuatro pisos, idénticas y alineadas, el barrio donde había vivido desde niño se llenó de recién casados que no comprendían sus costumbres.

Y llegó el colegio y la iglesia. «O ¿fue al revés?», se pregunta, no lo recuerda bien. Luego el parque infantil para los niños que ya no podían corretear por los campos de higueras. El futuro ya debía estar escrito —tal vez estuviera escrito desde siempre—, pero él y los suyos no lo quisieron ver y se refugiaron en los billares pensando que resistirían.

Recuerda al "Manco" y luego al "Chumi", él fue el segundón de ambos. Piensa que si no hubiera sido por su balbuceo nasal y la imposibilidad de pronunciar las *"enes"* que le salían como *"ges"* él también hubiera sido de los grandes, porque tenía altura y apariencia para serlo, incluso valor.

El volquete vuelve a profanar el antiguo billar, desde donde le llega el ajetreo de picos y palas.

—Van a poner un supermercado —comenta alguien a su espalda con ganas de comenzar una conversación.

Pero él está sintiendo la perdida de algo que le pertenece como las tardes de humo, el sonido de las bolas o el pierde-paga. «¿Un pierde-paga?», proponía el "Manco" que no era manco, con el cigarrillo en la boca y los ojos alegres. Todo un personaje aunque estuviera medio calvo y continuamente se frotara las manos de dedos brillantes como si acabara de hacerse la manicura.

Le pertenece el chocar nítido de las bolas y el pensar la siguiente jugada estudiando la mesa mientras giraba parsimoniosamente la tiza azul sobre el taco. «¡Roja, dos bandas y blanca!», decía la voz áspera de "Chumi" con una mueca de media sonrisa y las bolas le obedecían para lograr la carambola imposible.

En los billares estaba su pasado: los partidos de futbol por la radio a todo volumen de los domingos por la tarde con los focos espolvoreando una luz sucia. Y los boleros que ponía el "Maquina" cuando tenía pocos clientes, porque había estado enamorado de una rubia. Pensó en el "Maquina", bajito, de cara gastada, con el monedero de cuero en bandolera sentado junto a la barra, pasando atento la colección de cromos de «palacios del mundo» que tenía completa.

—Este está en Casablanca —decía señalando con la mano temblorosa— ¿Sabes que el príncipe tiene allí a la favorita? — y le miraba cómplice como si sus palabras abarcaran un misterio y ponía la misma cara achinada que cuando decía: «el maharajá guarda aquí el harem» al enseñarle el cromo de un retorcido palacio de mármol junto a un lago de la India.

A veces tenía taquicardias. Recuerda que se agachaba detrás del mostrador y cuando se levantaba había desaparecido la rojez de los ojos, la ansiedad y parecía que las manos le temblaban menos. Nadie en el local se percataba del olor a ginebra.

Otra bocanada de polvo como niebla gris que envuelve al pasado sale por la puerta después de un pequeño estruendo y le hace regresar al presente. Piensa que dentro están todas las cosas a las que de joven nunca se atrevió y que ya no podrá hacer: las respuestas cortantes que no dio, las chicas a las que no se declaró, los sueños que no puso en marcha, el traje que no se compró o el viaje a Argentina que siempre aplazó. Todas, como el gordo de la lotería, que jamás le tocó. «El barrio estaba dejando de ser, pero algunos nos empeñamos en que era el mismo de siempre —piensa—. No nos atrevimos a ver que el pez grande siempre se come al pequeño».

—¡Es una suerte que nos pongan otro supermercado en el barrio! —vuelve a decir a su espalda la voz invitadora, fresca como el agua de un arroyo en los calores del verano.

Tuerce el gesto porque nota que el volquete está arrancando definitivamente los refugios de recuerdos. Se dice que él no está acabado, solo tiene sesenta y siete años y no se considera viejo. Se anima como puede diciéndose que los recuerdos son solo recuerdos.

Y entonces todos los mirones se extrañan al ver que él —que nunca responde a ninguna pregunta de un advenedizo como llama a los que no son del barrio original, y va siempre mirando al frente, caminando deprisa como si fuera a alguna parte— gire una mirada rápida hacia el que habla:

—¡Sí, "meguda" suerte! —responde y se arrepiente de lo mal que ha pronunciado la "ene". El sol reluce en sus pobladas cejas.

El señor, de cara regordeta y ojos vivaces detrás de las gafas, que debe tener su misma edad, parece sonreír:

—Usted es de los antiguos del barrio, ¿verdad? ...Tiene que contarme cómo era la vida aquí antes de que construyeran los bloques. Tengo mucho interés porque yo llegué tarde, cuando la tercera fase, la de las terracitas, ¿sabe?

«¡Me conoce!», piensa sorprendido moviendo los hombros en el anticuado traje que parece plancharse solo y comienza a imaginar las viejas historias.

—Si yo le "cogtara" ... Antes de que algo nazca —se siente orgulloso de lo bien que le han salido varias "enes" seguidas— "tiege" que morir lo anterior.

Siente una extraña felicidad que hace tiempo no sentía: «¡El barrio no desaparecerá mientras quede el recuerdo!». Mira a su atento interlocutor que camina junto a él hacia los bancos de la fuente, aquella fuente de la que antaño cogían el agua con los cubos. Otro jubilado les sigue.

Parecen hablar animadamente, uno (alto como una "ele") piensa que se recordará la historia del barrio en la que él será el protagonista, el otro (gordito como una sonora vocal) también parece encantado. Señala a un sitio y a otro haciendo preguntas o siguiendo las explicaciones. Y el tercero no termina de unirse del todo, tal vez sea como una sutil "*ese*" que está pero sin implicarse.

Hay otro personaje que repito en circunstancias diferentes. Es el que se deja influir por las ideas de otros hasta creerse que es él mismo el que las piensa.

Todos los hemos conocido: el caso más burdo ocurre en política cuando defiende los postulados de algún partido político con los mismos argumentos que la noche anterior han utilizado sus líderes en el telediario y el problema es que se suelen sentir felices de lo bien que lo han expuesto delante de los amigos en el bar o a los compañeros de trabajo.

DIBUJANTE DE COMIC

Tengo un amigo que se llama Julián. Nos conocimos porque le contrataron en el almacén donde yo era el encargado. Entonces era un chavalín alto y delgado como un junco que caminaba bamboleándose entre las estanterías. Al ser tan larguirucho no necesitaba escalera para alcanzar las cajas altas por lo que constantemente recurría a él.

A sus veintiún años era informático en paro, pero sobre todo era callado. Su conversación se reducía a monosílabos: «sí», «no», «voy», «¿esta?», «vale», «¿vale?», «¡vale!» y tres o cuatro palabras más.

—Tráeme la 53.847 —le mandaba.

Sabía que estaba en el pasillo cinco, en el tramo tercero y al instante volvía con la caja ochocientos cuarenta y siete. Me la alcanzaba. Yo le guiñaba un ojo o le daba un golpecito en el hombro junto al consabido «gracias» y él sonreía con una sonrisa grande entre la docena de pelánganos negros que le crecían en la barbilla.

Hacia las cinco, solían escasear los pedidos y me sentaba a repasar los albaranes. Él se acercaba a la ventana y simulaba mirar fuera, pero yo sé que no miraba a ningún sitio; permanecía allí quieto soñando con los ojos abiertos sin manifestar ninguna emoción. Otras veces, en un rinconcito del mostrador, abría su cuaderno y dibujaba. Me intrigaban sus dibujos, pero nunca me atreví a decirle que me los enseñara.

Cuando sonaba la sirena, recogía cuidadosamente el cuaderno y el bolígrafo azul. Se cambiaba de ropa en silencio y salía soñando en ese mundo misterioso que estaba dentro de él. «¡Hasta mañana!», decía desde la puerta.

Recuerdo la tarde que me dijo: «Mira la historieta que he dibujado». Llevábamos juntos un año. Había sido uno de esos días de calor y mucho trabajo. Nos acabábamos de sentar. Yo estaba pensando en salir a fumar un cigarro. Vi, bajo el sudor de su frente, unos ojos esquivos queriendo esconderse de lo que acababa de decir, vi sonrojarse sus mejillas en una mezcla de timidez y orgullo, vi la torre de Babel a punto de derrumbarse.

El tabaco y el mechero quedaron sobre el mostrador y cogí el tesoro que me tendía. El viejo cuaderno de hojas cuadriculadas estaba abierto y lleno de viñetas dibujadas en azul. Las caras, las manos y los cuerpos expresaban emociones de vida, de amor, de deseos de aventura, miedo, lucha, victoria, el héroe triunfador, la admiración de las mujeres ¡Qué maravilla! Allí estaba la vida que mi amigo Julián no vivía. Embelesado leí hasta la última hoja ¡Julián era un artista! Había logrado trasferir sus sentimientos al cuaderno.

Ese verano, entró a trabajar en la oficina Maribel para hacer una sustitución. Era joven, ni alta ni baja, ni guapa ni fea, pero fue como una tormenta de verano que transformó el tedioso curso de las tardes y refrescó el ambiente. Julián se fijó en ella y fue lo único que realmente hizo porque todo lo demás lo hizo ella. Él era una esponja que se iba empapando de la alegría que ella irradiaba. Sonreía más, ya no miraba por la ventana sino hacia la puerta de la oficina. Me pregunté si esa fuerza le arrancaría del trepidante mundo de aventuras que pasaba de su mente al cuaderno.

Unos segundos antes de que sonara la sirena, se quitaba el mono y se hacía el remolón cerca de la puerta de la oficina hasta que ella salía. Me alegré al ver que había comprado un bolígrafo negro y otro rojo. Su cuaderno se llenó de héroes a tres colores que luchaban contra monstruos infernales para salvar a una heroína. Los monstruos eran sospechosamente parecidos al apilador de palés y su fiel escudero se parecía tremendamente a mí.

El verano pasó y ella se fue. Él volvió a ser el de antes, aunque nunca miraba por la ventana para no ver nada. Seguía mirando en silencio a la oficina como una farola apagada en una plaza desierta. No le volví a ver dibujar.

Ella encontró otro trabajo y, unos meses después, consiguió que Julián entrara de informático en su misma oficina. Al irse me abrazó, uno de esos abrazos entrañables que nunca se olvidan, me daba pena y me daba alegría.

Fui a su boda en la iglesia de las Mercedarías y unos años después, a su casa. Ya habían tenido la parejita. Me parecía imposible que mi amigo Julián, al que apodamos «el Silencios», pudiera vivir en aquel tumulto de hogar con los niños correteando, jugando, riendo. El pequeño con su lengua de trapo contándole historias, la mayor reclamando su atención y él participando en la alegre vida de todos. Vi sus ojos llenos de vida al mirar a Maribel y pensé que ahora vivía en su propia vida y ya no necesitaba el cuaderno para vivir aventuras. La pregunta me tintineó toda la tarde pero no me atrevía a hacerla por miedo a que me respondiera que no dibujaba. A última hora, cuando casi nos despedíamos, lo pregunté.

Julián me brindó una de sus tiernas sonrisas y sacó del armario dos, tres, cinco cuadernos pintados con lápices de todos los colores. Los cogí con la misma veneración que la primera vez y vi que eran aventuras sencillas rebosantes de luz y alegría ¡Mi amigo es un artista!

—Estoy publicando en una revista mensual —me dijo, como la cosa más natural del mundo—, se llama «*El zampullín chico*».

Desde entonces han pasado cerca de diez años. Sigo trabajando en el almacén que se ha vuelto aburrido con tanta maquinita y tanto ordenador, pero no merece la pena hablar de eso.

¡Qué buen tipo es mi amigo Julián! Cada mes espero ansioso a que salga «*El zampullín chico*» y en los dibujos percibo su estado de ánimo. Él también me aprecia a mí: casi siempre aparezco en sus viñetas y siempre soy de los buenos.

La historieta de este mes es genial: yo soy inspector de policía, con gafas y perilla. El asesino es muy listo y se va escabullendo siempre. El alcalde me presiona. Los periodistas me tachan de inepto. Yo aguanto impertérrito y poco a poco voy descubriendo pistas hasta que consigo tenderle una trampa. Pero lo mejor es cuando señalo con el dedo al periodista que desde el principio ha estado criticándome y le suelto: «¡Tú eres el que iba dando las pistas al asesino!». Le dejo planchado.

Un tercer personaje aparece reflejado en varios relatos: el que se encuentra prisionero en la inercia que ha ido tomando su vida, unas veces conscientemente y otras sin darse cuenta, pero no se atreve a modificarla:

EN LA ALEGRÍA Y EN LA RÚTINA

Ella recogió los platos y los llevó a la cocina. Miró los restos de la naranja, siempre se entretenía pelándola con un solo corte para lograr una espiral perfecta. Inclinó el plato observando el contorsioneo de la cáscara esférica y vacía al caer a la basura. Había sido una cena frugal como la de todas las noches: verduras y fruta.

Escuchó a su marido venir por el pasillo con los vasos, cubiertos y el mantel. De espaldas, oyó el tintineo contra la encimera de todas las noches. Dobló las servilletas mientras esperaba la frase de siempre:

—¡Vamos a ver la tele!

«Mañana fregaré, como cada mañana antes de ir a trabajar», pensó ella. Se sentaron en el mismo sofá frente al mismo televisor con sus móviles y mundos distintos. Ella volvió a añorar lo que debía haber sido. Él cambiaba los canales en silencio. Ella contempló los retratos esparcidos por el salón «¿Cómo le irá a la niña?», se preguntó. En su juventud nadie se iba a vivir con el novio sin casase. «Ya lleva seis meses con él sin pedir ningún consejo: no se deja ayudar».

El marido tiene la sonrisa beatifica que se le pone los martes con ese concurso tonto; suelta una risotada y la mira señalando al televisor, como invitándola a participar de su risa, pero de sobra sabe que a ella no le gustan los programas histriónicos.

«Ni siquiera ha notado que todos los retratos están cambiados de sitio y el portarretrato de la boda —cuando soñaban juntos que la juventud y el amor durarían eternamente— abrillantado con bicarbonato», reflexiona ella.

—¿Qué pasa? —oyó preguntar al marido.

Le miró en silencio, seguía sin atreverse a decirle que no confía en sus silencios, que no sabe dónde están sus sueños; que ella amaba al hombre con el que se casó cuando cada instante era una ilusión nueva, una promesa de emociones juntos.

—¿Te pasa algo, cariño? —vuelve a preguntar él, mirando la tele con ojos sin fe.

En su silencio, ella piensa que no pasa nada; que la vida fluye y cambia a las personas; que hoy es como ayer, como mañana, como dentro de un año; que comparten la misma casa y distintos sueños; que son dos desconocidos con contrato. Se levanta y va a fregar los platos aburrida de pensar en un «nosotros». Pero, ya son un matrimonio, los García Cifuentes, con casa y coche ¿Qué más se puede esperar?

Como dije, me encantaban los relatos que escribía Soco. Cuando llevábamos más de un año compartiendo las lecturas le pedí que me explicara cómo conseguía retratar a sus personajes. Me miró extrañada, como si fuera la cosa más sencilla del mundo y solo me respondió: «Todas esas situaciones las he vivido y conozco a los personajes». Luego se fue o nos interrumpieron, no lo recuerdo.

Tardé tiempo en comprender que sus relatos estaban llenos de verdad y más tarde, que regulaba el nivel de nostalgia para que parecieran casi costumbristas aunque estuvieran inmersos en tragedias. Hubo un periodo en que busqué denodadamente la veracidad.

Aquel jueves (las clases son los jueves) habíamos leído los cuentos de Pio Baroja ¡Qué gozada! Cuanta elegancia en sus cuentos vascos como en «*Playa de otoño*» o «*Ángelus*»: frases cortas, un ritmo que parece hacer bailar los renglones y la belleza a que invita en los paisajes, el mar y la sobriedad de los paisanos.

El tema a escribir debía titularse «El país del que vengo», pero después de leer a Pio Baroja, cualquier relato tenía el cartel de caballo perdedor antes de la salida. Cambié el titulo y escribí esto:

EL CANOA

Recuerdo a don José Fernández —los alumnos en el patio le nombrábamos como «el Canoa»—, era bajito, moreno y muy peinado; caminaba deprisa inclinado hacia adelante con su gastado traje de siempre. Su hablar tranquilo se apelotonaba cuando estaba enfadado.

Le recuerdo repitiendo el sistema métrico decimal o recitando con la clase —él hacía de director del coro— los afluentes de los ríos o las provincias de Castilla la Vieja. Después del recreo venia el dictado, que volvía a escribir en el encerado y cada uno corregía el cuaderno de su compañero. Él repetía con todos a coro:

—*Haber* con *hache* y con *"beee" alta de árbol. Venido* con uve pequeña de viña —y con la tiza subrayaba violentamente estas palabras, con un ruido que hacía rechinar los dientes.

Seguían las cuentas y problemas. Y cuando estábamos cansados se levantaba de la mesa, iba hasta el armario del fondo rodeado de un silencio emocionado para coger un libro viejo forrado con papel marrón de empaquetar y leía en voz alta paseando por el pasillo ancho de la clase. Yo, con nueve años, sentado junto a la ventana que daba al patio escuchaba con atención, como todos, los requiebros de su voz contando que los franceses quisieron subir al infante en una carroza y alguien gritó «¡Nos roban al príncipe!» y todas las almas se convirtieron en un único deseo, en una sola voluntad y se transformaron en una turba que atacó al invasor. Era el dos de mayo de mil ochocientos ocho y Madrid se levantó contra el intruso. Nosotros, los alumnos que escuchábamos a don José

Fernández nos emocionábamos con la emoción de los madrileños, porque éramos nosotros los que empuñábamos garrotes y tijeras.

Y fuimos los que defendimos heroicamente Numancia cuando los romanos asesinaron a Viriato y luego fuimos romanos (aportando varios emperadores: Trajano, Adriano y Marco Aurelio) que conquistamos Germania. Y fuimos visigodos cuando cayó Roma y esforzados caballeros que cabalgábamos a la vera del Cid Campeador para ganar la Reconquista —también hubo princesas lánguidas que despedían a sus enamorados desde el balcón de algún castillo con un largo pañuelo en la mano— y fuimos tantas cosas… Tuvimos la habilidad de seguir siendo precisamente nosotros los que dimos la primera vuelta al mundo y fundar la universidad de Quito o morir heroicamente en Trafalgar. No hace mucho reviví aquel irreal *nosotros* con el gol de Iniesta y la marea de camisetas rojas celebrándolo por las calles de Madrid, cuando *ganamos* el mundial de futbol.

A veces me pregunto qué es mi país y me doy muchas respuestas ¿El de las historias que nos leía don José Fernández sacadas de *Los episodios nacionales* de Pérez Galdós?, ¿el del *haber* con *hache* y con *be?*, ¿el de las provincias que sabíamos de memoria o los afluentes que recitábamos a coro: Esla y Pisuerga por la izquierda, y Eresma y Tormes por la derecha?

Mi pasaporte dice que soy español y mi DNI afirma que mi patria chica es Ávila, pero algo en mi se resiste a reducir la emoción a impuestos y prestaciones. Tal vez, el cariño al terruño y a sus gentes —eso que inundó las calles de Madrid con camisetas rojas— sea algo tan sutil como el recuerdo que se despierta en mi al oler el aire fresco del amanecer rememorando aquella vez que percibí el aroma a rio y a fresnos en una mañana de infancia junto al Adaja con los prados verdes crecidos y las puntas pintadas de blanco por la escarcha. O el sabor a canela que me transporta a las torrijas que hacia mi madre y desayunaba antes de ir a clase con la cartera, el libro, el cuaderno, el sacapuntas, los lápices y el bocadillo envuelto en papel de periódico, para que él, don José Fernández —que blandía el *don* delante del nombre y la regla de madera sobre la mesa como signo de autoridad que nunca utilizó—, me enseñara todo de todo. Eso pensaba entonces, porque el mundo siempre permanecería igual al que conocí con nueve años.

El mundo ha cambiado. Las princesas ya no son lánguidas, ya no existe Castilla la Vieja y las multiplicaciones las hacemos con una calculadora. Con los años he perdido —hemos perdido— la habilidad de sentir que pertenecemos a aquel *nosotros* que logró solo lo bueno y glorioso, olvidando denodadamente lo otro. Don José Fernández no me avisó de esta ineludible perdida. Supongo que él ya lo había —con *hache* y con *be* alta de árbol— experimentado, pero entonces, yo tenía nueve años y a los niños solo se les cuenta algunas cosas.

He ido señalando demasiadas reglas sobre la escritura: tipo de narrador, punto de vista, tiempo verbal, concordancias de género y numero, metáforas ¿Es necesario conocerlas para escribir?

Demasiadas cosas a tener en cuenta: ¡Al cuerno con todo!

Simplemente dejar que el relato fluya.

Algunos autores consagrados incumplen sistemáticamente los postulados de la buena escritura. Pero las normas (tres o cuatro, no más) ayudan a ordenar las ideas en la cabeza antes de comenzar a escribir y no es necesario conocerlas pues poco a poco, con la práctica van haciendo poso en nuestra cabeza.

Para escribir un relato solo se necesita papel y bolígrafo, o un ordenador. Inicialmente salen sólo churros pero luego empiezan a aparecer relatos. En mi caso, una vez escritos, los lee mi esposa que me comenta los errores o redundancias que encuentra, lo que no se entiende, o situaciones que es imposible que se den. A veces le gustan, otras dice un «bueeeno» casi interrogativo, al que podría añadir: «Los has escrito mejores», pero no hace falta: son muchos años de convivencia. Después del ritual, todavía con el lapicero en la mano, hablamos del relato y sacamos punta a algún aspecto de lo escrito, de nuestra vida o nuestra forma de pensar abriendo la puerta a la conversación.

En clase, durante un trimestre estuvimos analizando las relaciones familiares y siguiendo con la veracidad con que pretendía escribir según los consejos de Soco, me enfrenté a un tema difícil: «Mi madre» (casi el mismo que cuatro años antes había reflejado en mi primer relato). Acababa de leer una de las novelas de Annie Ernoux que trataba sobre su madre y coincidió que acababa de visitar a la mía.

Decidí hacerlo en primera persona, nunca sabré si acerté porque en clase, al acabar de leerlo, contrastando con la carga de emoción que yo sentía, se produjo un llamativo silencio (en privado alguien me dijo que le había gustado y quería escribir algo similar). Son los problemas de hacer relatos personales:

MI MADRE

Me gustaría poder decirte quién eres y no puedo porque no lo sé. Creía conocerte y solo alcanzo a recitar datos que me has contado, que he vivido o que aparecen en viejos títulos y documentos: la edad cuando empezó la guerra, la huida, el tren. Las notas de magisterio, la preciosa foto grapada al certificado del Servicio Social, la de la puesta de largo —¡qué joven y guapa eras! — posando inocente con el vaporoso vestido blanco extendido en una escalinata de granito o las de la boda con papá.

También están los certificados de boda y los de nacimiento —y de bautismo que entonces eran tan necesarios— de Tomás, el mío y el de María Jesús. Solo trámites y fechas.

Recuerdo la foto en que estás con Tomás pequeñito en un parque. El traje con falda hasta la pantorrilla que añora las películas en blanco y negro, y Tomas, que apenas sabía andar, en pantalón corto. La vestimenta no te disfraza ni tiene importancia ante la cara de orgullo con tu primer hijo «¡Es mío!», proclamas y también miedo a que le pudiera pasar algo. En los albúmenes hay otra con nosotros tres en la puerta de casa. Llevabas aquel abrigo jaspeado que recuerdo en verdes, aunque en la foto sea solo gris.

Eras mamá, protectora, la versión cariñosa de madre. Madre lo eras para el mundo de fuera o cuando te quitabas la zapatilla por alguna travesura mía y me perseguías por la casa «¡Ya verás cuando te coja!», pero luego te volvías a convertir en mamá y me consolabas el llanto que no era por el dolor de los zapatillazos sino por entrar en el terreno pantanoso de verte enfadada.

Eres mamá, aunque no me recuerdes, es un sentimiento reciproco y te he visto disfrutar con los pastelitos que he traído. Es todo lo que ya puedo hacer por ti y acariciarte la mano y darte un beso.

Nunca supe cómo eras. Siempre estuviste en segundo plano acomodándote a los deseos de los demás, mimetizándote con nosotros, abnegada: «se lo preguntaré a papá», «lo que vosotros queráis». Nunca indagué en tu deseo real. Ahora me arrepiento de haberte regalado por reyes una yogurtera o un cuadro para el pasillo pensando que te hacía feliz.

—¡Lo siento mamá!

Me miras como si hubieras entendido, pero hoy tampoco me has reconocido. Tu mente hace tiempo que se alejó hacia alguna pradera del olvido. Tal vez tengas recuerdos de lo que querías o deseabas pero no encuentras el camino para acceder a ellos ¿Te sentiste plena como aparentabas o hubieras preferido otra vida?

Hace demasiados años se me quedaron grabadas unas palabras tuyas dichas aparentemente al azar «cuando me pongo el vertido rojo todavía me miran los hombres» ¿Había en ti algo más que la madre comprensiva siempre atenta a las necesidades de los demás? ¿Debería haber indagado? No lo hice, ahora sé que no era solo porque en esos años en casa nunca se hablaba de sexo, sino porque quería conservarte como creía que eras: no eras una mujer, eras mi madre.

Veo por tu cara de expresión aniñada que intentas ubicarme entre los pensamientos que vagan por tu mente. Saludas con educación, ofreces: «¡Comete uno!», porque me estas invitando y apenas hace un mes dijiste «es mi hijo» y te reconociste en una foto de cuando tenías nueve años «soy yo» señalándote con el dedo. Hoy te envuelve el silencio.

Ya no somos la joven y el niño de entonces: no puedes recordar, ni hablar y tus ojos han perdido la transparencia. Mueves la mano al saludarnos y logras una mueca parecida a una sonrisa. Después del ictus parecía que te ibas a recuperar pero al final perdiste el habla y quedaste en la silla de ruedas ¡La vida es impredecible!

Me gustaría, como hace María Jesús, darte crema pero no he traído, ni sé; solo los pastelitos y recordar los momentos que pasamos juntos: tu amorosa, yo desprendido.

Quisiera contarte quien fuiste, para recordártelo, pero nunca lo supe. Quisiera, como entonces, volver a sumergirme confiado en tus ojos verdes. Miro tu expresión aniñada y te acaricio de nuevo; hoy no haces intención de cogerme la mano ¿Quién seré en el sueño eterno que vives hoy? Tú eres mamá, déjame que te proteja e intente darte unos instantes de felicidad aunque solo sea con uno de esos pasteles que tanto te gustan.

He preseleccionado algunos relatos cargados de añoranza de mi infancia que es igual a la de todos y espero que el lector se vea reflejado mirando al niño que fue.

¿Qué es un relato?, pues depende del que lo lea o lo escriba. Letras que forman palabras, palabras que forman párrafos, párrafos que envuelven ideas, ideas que cuentan una historia que a alguno le pude parecer solamente las aventuras de unos personajes que mantienen conversaciones interesantes o divertidas. Para otros, cuarenta renglones llenos de la sucesión de sujeto, verbo y complementos, sujeto verbo comple... o el tiempo justo para leerse en el trayecto de metro de cuatro estaciones yendo al trabajo por las mañanas.

También una historia que levanta una sonrisa o emociona, o asusta, incluso que provoca una reflexión que perdurará después de cerrar el libro y a alguno le puede evocar recuerdos propios que tienen más valor por el hecho de ser nuestros.

En el siguiente relato evoco mi infancia:

LA CIUDAD Y EL NIÑO

¿De dónde soy?, me pregunto mientras miro el cuadro. La misma pregunta que me hacen en hoteles u oficinas de información cuando hago turismo. Dudo al responder ¿Dónde nací? ¿Dónde he vivido más tiempo?

El cuadro estuvo en casa de mis padres, en el gran salón que apenas se usaba con muebles pasados de moda que por su tamaño no caben en ninguna habitación de una casa moderna. Entonces era normal tener en los salones una pintura de la muralla o de las vistas del valle. La impresionante puerta de San Vicente pintada al óleo es y no es mi ciudad.

Mi ciudad no era esta entrada grandilocuente, sino algo más a la derecha, fuera del cuadro, lo que no se ve: cuando la muralla se vuelve pequeña e intimista. El discurrir de las piedras alineadas y

sombrías por la mañana o doradas con infinitos contrastes aleján-
dose en bajada hacia el rio al atardecer cuando los últimos rayos
de sol quieren contar las glorias del Medievo, el viejo sauco de olor
acre nacido a su vera y los vencejos de piar precipitado persiguién-
dose en círculos o dibujando el borde de las almenas.

No son las antiguas glorias lo que me gusta, ni sus sueños de-
fensivos lo que me invade, aunque «¡Ahora igual que hace ocho
siglos!» contribuya a la idea de eternidad que impregnaba la visión
de casas bajando por la colina, cada vez más humildes y alejadas,
hasta convertirse en campo.

Barrios antiguos deshaciéndose en viejo. Casas apretadas a pequeñas iglesias románicas de piedra o ladrillo, con remates árabes.
Tejados desalineados violentamente rojos, inclinados, endebles,
casi de juguete. Campos que nunca fueron prados verdes sino
agrestes, cargados de piedras, apresados en tapias de granito.

Al fondo, las montañas cargaban en sus hombros un cielo claro y escondían a su espalda lo desconocido donde hallaría mi futuro, porque creía que yo era libre, no una propiedad de la tierra
que pisaba ¿Cuánto duraría el tiempo de espera hasta el futuro,
mi futuro? ¿Regresaría después?, una pregunta que entonces no
me hice y de la que ahora conozco la respuesta. También, que esa
visión siempre me ha acompañado.

Decían que se escuchaba el silencio pero porque no ponían
atención. En esas alejadas casas de barrio había vida y ruido y mú-
sicas y pasos de gente laboriosa que cruzaba las calles empedra-
das. La vida no solo estaba en las tiendas del centro ni dentro de
la muralla.

Invoco a los amigos que soñaron junto a mí correteando por
aquellos rincones, los que guardan en la memoria las mismas calles, las mismas casas, el mismo sauco y el mismo cielo. Pronuncio
sus nombres: Marce, Javi, Paco, Jose…; ya hemos olvidado el plano

imaginario que llevábamos grabado en la mente. Entonces no supe que ellos soñaban cosas distintas.

La vieja carbonería se ha convertido en un bar de copas. «*Paraísos escondidos*», se llama. Por la puerta destila un ruido espantoso de música «¿Qué sabrán ellos de paraísos?», me digo. Siempre resulta igual cuando intento pasear por el pasado: aquí había, aquí había... y la memoria reconstruye detalles y anécdotas. Por un momento me gustaría que volviera a ser igual que entonces: que la ciudad se hubiera congelado en el tiempo para los que queremos añorar, aquellos que fuimos niños y tuvimos un sueño de eternidad lleno de futuros. «La ciudad es de los que la viven», me respondo, y ya no quedan cocinas de carbón.

Tan solo en mi recuerdo pervive aquella ciudad, mi ciudad.

El relato anterior lo escribí dos veces, cada una con un punto de vista. La otra versión, que no reproduzco por ser la historia demasiado similar, la titulé «El niño y la ciudad».

Al compararlas para elegir una, me he fijado en los puntos y las comas. La teoría es muy fácil: «La coma (,) delimita las unidades básicas del texto y relaciona segmentos contiguos del mismo» y «El punto (.) señala el final de una oración». Aparentemente fácil y entre ambas se sitúa el punto y coma o los dos puntos, pero la práctica es complicada y cada vez que leo un relato acabado cambio alguna coma de sitio. La única solución que he encontrado es pensar que el texto no es mío ¡Desprenderme de él!, para no querer dar nuevos matices a lo escrito.

Siguiendo con los relatos y la idea de añorar, también se añora una casa al despedirnos de ella, porque las casas, el paisaje, la meteorología y todo lo que nos rodea forman parte de nuestra vida. He escrito sobre varias casas porque es difícil no añorar los sitios donde fuimos felices:

LA CASA DE LA ABUELA

El espejo semicircular con marco de madera, que recuerdo haber visto sobre una cómoda, está en el suelo, apoyado en la pared del salón. La casa, en silencio, hace años que no late. Llena de muebles y cachivaches, pero vacía.

Reconozco la gran ventana que da a los edificios de enfrente ahora envejecidos y que en mi memoria eran de rojos ladrillos brillantes. La luz que entra es plateada y acaricia los dos cuadros viejos y las sillas de estilo, que con fuertes muelles dolían al sentarse. El mueble y los sofás fueron jóvenes en casa de mi hermana y creo recordar la mesa en otro sitio. Pero el espejo ya no refleja a nadie.

Recorro el pasillo, los techos son altos. El cuarto de estar con la puerta abierta me llama, allí pasaban todas las cosas. Allí recuerdo las Nochebuenas. Un televisor ha sustituido a la radio que estaba sobre una repisa de madera, pero el mueble es el mismo con los adornos modernistas y la repisa de mármol fría, los cajones y las puertecitas. Me falta el palillero con los palillos de colores y tal vez un florero con flores de plástico. La lámpara estuvo en muchas casas donde mis padres fueron viviendo. La recuerdo en la casa de Madrid y en la del paseo de San Roque, también en la anterior en la primera habitación de la derecha. Las sillas fueron las que compré nada mas casarme. Es la casa de la abuela que aglutina todas las personalidades, donde luego vivió mi tía.

En los cajones se esconden mundos: retazos de historias en cartas, postales, bolígrafos, prospectos, fotos, monedas, barajas, el contrato de la luz. Desordenados como la vida misma. Documentos de 1930 entre recortes de periódicos de 2015.

El tacto de las colchas es el de entonces, debajo de las camas el orinal. Un armario vacío abierto de par en par con un montón de joyeros llenos de collares ¿Se sentiría guapa con ellos? ¿Cuántas veces se miraría en aquel espejo que ahora no refleja a nadie? ¿Cuándo se los pondría y para quién? Las frías piedras de colores no me dicen nada, ni las perlas. Un revoltijo como la vida que se queda sin memoria.

La habitación de la abuela con el cabecero de metal y el escapulario colgado donde entonces estaba la perilla de apagar la luz. La mesilla de madera está llena de zapatos bien ordenados. Ningún cuadro, solo el crucifijo, como entonces. De pequeño viví un año con la abuela. Dormíamos en esta cama. Yo junto a la ventana. En la otra habitación vivían tío Honorio y tía Julita, que todavía no tenían hijos. Eran maestros en el colegio al que fui. Al acabar las clases nos repartían un trozo de queso americano a cada alumno. Yo iba a la clase de tía Julita y por las tardes me extrañaba que ellos, que tanto sabían, estudiaran para el día siguiente.

Cuarto y mitad de fideos entrefinos, me decía la abuela siempre vestida de negro, y yo corría a la tienda, me lo pesaban sobre el papel de estraza y lo doblaban por la mitad, luego las esquinas, otra vez y otra final para que quedara como en una empanadilla. Y regresaba corriendo con las perrillas de la vuelta apretadas en la mano.

El trastero sin luz. La otra habitación de enfrente donde pasé algún verano. Encuentro el pequeño tapiz, de apenas un doble folio, con los dos guerreros árabes cabalgando sobre corceles. Recuerdo que de niño lo miré por detrás para ver cómo estaba hecho y le doy la vuelta para admirar el negativo tan estupefacto como entonces con los amarillos, los verdes, el cielo y las palmeras. Los dos jinetes apuntan con sus espingardas hacia arriba, sin sujetar las riendas aunque el primer caballo esté encabritado. Decido que en su vejez será mío.

En el armario están los abrigos vacíos colgados en perchas, disimulando que no hay nada donde en otro tiempo entraba Isabelita para salir saltarinamente a la calle. Ahora están recluidos en bolsas de plástico, tristes, esperando a alguien a quien abrigar o nada.

Recorro el pasillo con pequeños cuadros alargados que recuerdo: un caballo, una japonesa.

El baño y la cocina, ambos destartalados, no me dicen nada. En la cocina hubo una fresquera y enfrente vivían unos parientes que tenían una lira y me dejaban tocarla. Vuelvo al salón, pienso en mi abuela y mi tía, he encontrado algún documento del abuelo y fotos. Muchas fotos. También recuerdo a mis tíos que hace muchos años fueron solo hermanos e hijos, luego padres y tíos, y antes de morir, abuelos: a eso se dedica el tiempo y al final deja la casa vacía para que yo no sea capaz de escuchar sus risas y sus ilusiones, pero conservo la emoción de las Nochebuenas cuando hablaban de cosas de mayores que yo no entendía.

Rebusco entre los libros, aparece uno de Ain Rand ¿Quién lo habrá leído antes que yo? Las casas de enfrente siguen siendo viejas. Cuando yo era niño correteaba por estas calles sin asfaltar. El espejo semicircular sigue apoyado en la pared. Me despido del aire. Besos. Tres vueltas de la llave y bajo las escaleras envejecidas agarrado al pasamanos.

Dije cuarenta y un relatos. Estoy a punto de llegar y como ocurre con las bolas de la lotería, quedan demasiadas en el bombo y solo se pueden sacar unas pocas. Pienso que quedarán demasiados relatos fuera de esta recopilación.

Muchas veces se denominan cuentos y algunos autores los han publicado con este título. Son dos acepciones similares, pero a *cuento* se le suele dar un sentido más infantil.

Como también he intentado escribir algunos con ese toque infantil, el siguiente ha salido premiado (metafóricamente) en la lotería:

FAMILIAS

Las dos caritas me miraban expectantes. Me recordaban la mía de las fotos en blanco y negro cuando tenía su edad, la piel lisa y los ojos grandes, cuando aún no había aprendido a mentir. Pura satisfacción de abuelo.

—«La princesa ordena que rellenen su almohada con la mejor pluma del reino» y «el pirata pata-de-palo con su jarra de ron cantando una terrible canción» —señalé al niño—; tú tienes «la bruja con la bola de cristal que acaricia con sus largas uñas al gato negro» —señalé a la niña—, que junto al «caballero del escudo de oro de los siete dragones de siete cabezas», que tengo yo —dije descubriendo la carta sobre la mesa—, completan otra familia.

Sus caras se volvieron nubladas. Incluso ella, con sus rizos dorados remoloneó sin levantar la vista con mis mismas cejas. Él, con sus mofletillos sonrosados dejó escapar la contrariedad por los ojos huidizos. «De mayor será rebelde», pensé. Se sopló el flequillo que le caía sobre la frente sin perder de vista sus bazas.

Me tocaba volver a pedir. Miré sus caritas, miré sus cartas y me pregunté si era preferible ganar o verlos alegres diciendo «¡Toma!, ¡toma, toma, toma!», o bailando con los brazos levantados cuando aciertan. Yo, como el hada madrina que escondió carrozas en las calabazas, ya había aprendido a mentir.

Se puede pensar que el anterior cuento del juego de cartas u otros parecidos son bobaditas, pero al escribirlos y al leerlos cada renglón y cada instante es un mundo.

Hablando de instantes y de ratos más largos: algunas veces me he sentado frente al ordenador o el papel en blanco sin encontrar ni una palabra que escribir. Incluso aunque fuera por pura obligación de hacer los deberes asumiendo que salieran regular.

A la desesperada, suelo elegir varias palabras al azar como pueden ser las soluciones de un crucigrama en horizontal y trato de unirlas. Por ejemplo: ranura, farola y habitación.

Fácil: «por la **ranura** de la contraventana pasaba el hilito de luz de la **farola** de enfrente y pude verlos entrar sigilosamente en mi **habitación**» ya solo me falta preguntar ¿A quiénes?, lo lógico es a unos ladrones, pero aquel día no tenía el cuerpo para meterme en relatos de miedo. Pensé que podía ser atractivo que alguno de los intrusos pudiera tener unos ojos azules preciosos o parecer una chica. Era como enfrentarme a una partida de ajedrez recién comenzada que ofrecía infinitas posibilidades de mover alguna de las piezas a cualquiera de los escaques blancos o negros y crear un movimiento único que se iría expandiendo para convertirse en millones de partidas diferentes: una inundación de libertad, de poder crear. El movimiento elegido probablemente ya se habría jugado alguna vez en otra partida ¿A quién no le gustaría repetir frente a un buen adversario una elegante jugada que hizo Capablanca o Kasparof hace tiempo, y continuar repitiendo (sin saberlo) su partida hasta el final? Es simplemente elegir un movimiento, o una palabra ¿A quién no le hubiera gustado escribir un relato como los que escribió Salinger?

El comienzo del relato de esa semana debía ser: «Lo que nunca te he contado» y tenía ganas de hacer algo infantil pero realizado por un adulto. Decidí hablar de los Reyes Magos, no como el adulto que compra los regalos, sino…

Las palabras fueron llevando a la imaginación hacia una historia que acabó en un cuento:

ILUSIONES DEL ZAPATO

Lo que nunca te he contado, querido cuaderno, es aquella primera Noche de Reyes solo. Había sido un día como los demás, pero a media tarde, al regresar del trabajo y quitarme los zapatos, vi en su interior el hueco vacío reservado al talón, el empeine y los dedos que me recordó que era una noche mágica.

La nieve virgen cubría las calles como en los inviernos de mi infancia. Me acordé de los Reyes de las cabalgatas de entonces y los alegres pajes lanzando al aire caramelos de colores. Recordé que una noche como aquella los vi ponerme los regalos. La luz estaba apagada, pero por la ranura de la contraventana pasaba el hilito de luz de una farola y pude verlos entrar sigilosamente en mi habitación. Muy quieto, muy acurrucado en la cama, asustado mientras mi hermano dormía, vi que eran dos, el otro debió quedarse en la ventana.

—¿Duermen? —preguntó el más bajo, con un susurro dulce, casi de mujer.

—Sí... ¡Chisssst! —respondió el alto llevándose el dedo a los labios.

Los dos se movieron alrededor de los zapatos intercambiando los bultos que llevaban. Yo apenas abrí los ojos para no ser descubierto. No distinguí colores ni coronas, las capas eran largas, les llegaban al suelo como si fueran batas. Junto al zapato de mi hermano dejaron la caja de los juegos reunidos; junto al mío, tres paquetes con un lazo. Luego, se fueron sin hacer ruido dejando el silencio y mi emoción. No me atreví a levantarme por miedo a ser descubierto. Jamás se lo conté a nadie para que mi traición no llegara a sus oídos porque no se les podía mentir. Años después enlacé palabras, sonrisas, miradas, até cabos. Pero era demasiado tarde porque la Noche de Reyes ya era mágica como los ojos de la mujer a quien amé.

Solo en esa noche se produce el prodigio. Hay que limpiar los zapatos y ponerlos sobre la mesa para que por la mañana estén rodeados de regalos. Y aunque no creo en los Reyes Magos, ni en la vida, ni en la suerte, solo en la soledad y el trabajo —intento que los odios no me hagan daño y me niego a recordar los «le dije» y los «me respondió»—, pero aquel cinco de enero, aquel primer cinco de enero en soledad, al volver a casa y quitarme los zapatos, recordé.

Realmente no necesitaba nada porque lo podía comprar con dinero cuando quisiera. No necesitaba ningún juego absurdo ni aburrido. Pero el hueco de los zapatos, que no estaban llenos de brumas movidas por el viento, ni de fuegos artificiales, ni complejos rituales con espadas, ni latinajos recitados en brillantes palacios orientales, contenían la magia, la auténtica magia que me llamaba.

Los limpié, los llevé al salón. Metí dentro tres caramelos, una vieja guirnalda de flecos azules que dormitaba desde su adiós en el fondo de un cajón y una revista que había comprado esa misma tarde. Recordé que tenía un jersey sin estrenar, era de ese color canela tostada que tanta ilusión me hacía. Lo puse junto al zapato.

Los Reyes Magos suelen echar cosas prácticas, pero a veces, solo a veces, también traen regalos importantes, como volver a mirar con mirada de niño para hacer las paces con todos los antiguos amigos y con ella ¿Dónde estará ahora? Porque la soledad, querido cuaderno, no es estar solo, es no atreverse a llamar. Y entonces, con mucha calma como revisando mi vida y mis errores, metí el móvil sin apagar en el acogedor hueco del zapato.

¿Cómo habría acabado el relato si hubiera cogido los resultados de las líneas verticales del crucigrama?

Me acerco a los cuarenta cuentos. Me gustaría incluir varios personales que me emocionan: sobre mi padre, mis abuelos, mi esposa o mi hija, mi familia; incluso sobre la boda de una de mis sobrinas. Pero los límites entre lo personal y lo reservado para dentro de casa son bastante difusos.

Abandono esa primera intención y vuelvo a los puramente creativos, como el siguiente que escribí el primer año y he tenido que modificar algo más que las comas:

MUSEO DEL AIRE

Vigilante de museo no es un buen trabajo pero la crisis me atrapó. Sin ser mi especialidad, de tanto escuchar las explicaciones de los guías podría repetirlas de memoria.

Suelen contar las velocidades de los aviones, el año de fabricación, los conflictos en que han participado y los pilotos famosos que los volaron. Los guías buenos agregan alguna anécdota. De ese avión de escuela dicen que es una madre, porque lo perdona todo. De aquel otro, que es manejable como una novia. Del plateado que es traicionero porque entra en perdida sin avisar. De aquel estilizado, el *Starfighter*, que es temperamental como un pura sangre. Al explicarlo, suelen hablar de un famoso héroe americano; pero yo contaría una anécdota que me ocurrió:

El director me encargó un trabajo muy especial: me dijo que acompañara a Don Manuel, «uno de los tres magníficos» y que, aunque estaba prohibido, le iban a permitir subir a la cabina del *Starfighter*.

Unos días después, me preguntó cómo había ido la visita y le contesté que a pesar de sus ochenta años seguía ágil.

—Es un coronel retirado, pero le gustaría seguir siendo capitán —añadió el director en tono jocoso.

—A mí también me gustaría tener veinte y bailar con la más guapa —me atreví a responderle. Recuerdo que le hizo mucha gracia.

Las visitas se fueron repitiendo todos los meses. El director simplemente me decía «atento que mañana viene», no necesitaba decir más. Yo esperaba a Don Manuel, bajito, nervioso, su cuerpo menudo bailaba dentro de la ropa; la mirada atenta tenía orgullo con un toque de inocencia y otro de pillería. La voz era firme y amable de haber ganado mil batallas; caminaba deprisa, algo inclinado hacia la derecha. Siempre seguíamos el mismo ritual: me daba la mano —no apretaba mucho, solo una pulsación—. Le ayudaba a subir por la empinada escalerilla de mano, le observaba encaramarse al puesto de piloto y ponerse el casco mientras iba desgranando anécdotas de viejos amigos, de tormentas, de averías en vuelo, de aterrizajes forzosos, de fallos en la alimentación de combustible, de picados, de obstrucciones de oxígeno. Veía sus manos rejuvenecidas aferrarse a los mandos y por un instante, solo por un instante, le veía feliz: cuando olvidaba que ni el avión ni él volverían a volar.

Al bajar me abrazaba con la mirada todavía borracha. A veces añadía «era mi sueño» y se alejaba caminando con su paso inclinado hacia el despacho del director. En cada visita recuperaba la alegría, pero su cuerpo cada mes se alejaba de los ochenta años.

Dos o tres años después, dejó de venir porque se había roto la cadera. A los seis meses, el director me avisó que volvería el viernes con su hija. Me alegré por Don Manuel, incluso me cambié de uniforme para ir bien planchado y esperé ansioso.

Le vi aparecer por la esquina, junto al álamo grande —que el otoño había pintado de cobrizos—, inclinado, como él andaba. Su hija era grandona, ya entrada en los sesenta pero guapa y fuerte como una matrona romana. Se notaba que hubiera preferido llevarle cogido pero él no se dejaba. Iba delante cojeando junto al bordillo, había adelgazado. Frágil y alegre como un niño levantó la mano para saludarme o para saludar a su avión, eso no puedo asegurarlo.

Ya estaban puesta la escalerilla para subir. Se le notaba radiante, había olvidado la cojera. Era un bebé dispuesto a balbucir «mira lo que sé hacer». Su hija era poco efusiva, estaba valorando la escalera, los anclajes, la altura, la frialdad del avión sin agarraderos.

—¿No pretenderás subirte a esa escalerilla, papá? —soltó como una explosión.

—Y usted —dijo mirándome a mí y acentuando cada letra del «usted»—¿No pretenderá dejarle subir? ¡Sería responsable de lo que pudiera ocurrirle!

—¡Eres como un niño, papá! —y le cogió del brazo, dio un tirón y le arrastró de vuelta sin resistencia, sin dejarle decir que aquel era su avión, que llevaba toda su vida volando, que podría subir con los ojos cerrados. Tiraba de él como de un niño travieso.

Don Manuel agarrado por la mano carecía de voluntad propia y caminaba con el fatalismo del que ha perdido todas las batallas. Junto al álamo —que con el otoño empezaba a tejer en el suelo una alfombra de hojas secas— abrieron el paraguas: comenzaba a caer una lluvia fría.

Dije cuarenta y un cuentos y los jubilados somos gente de palabra. He seleccionado para acabar uno muy corto. Me ha costado dejar fuera nueve de los preseleccionados. Algunos pueden ser buenos y los otros por cariño pueden haberme llevado a engaño.

Dentro de poco se acabará el curso en el Centro de Mayores y comenzaran las vacaciones. Comenzará el periodo en que ofrecen las plazas para el siguiente curso que se pueden solicitar de presente o informáticamente y después, esperar a que salgan las listas.

También, como otros años iré a San Vicente y por la mañana temprano saldré a la terraza mientras los demás duermen. Miraré la ría, la iglesia encaramada en la montaña (en algunos relatos la llamo «colegiata»). Miraré el vuelo de las gaviotas y las golondrinas, la lucha del sol con la neblina de la mañana, y si el día es claro, los Picos de Europa a lo lejos mientras escucho pasar las motos y el rítmico golpeteo con el palo de los peregrinos por la acera, marcando el tiempo de cada paso hasta que se pierden a lo lejos..., cosas que no han cambiado desde mi jubilación. En la mesa, con el bolígrafo y mi cuaderno, escribiré algún relato o tomaré apuntes para hacerlo después y disfrutaré, porque me gusta escribir.

Vivir en la gran ciudad es muy diferente a hacerlo en una pequeña (el apellido «de provincias» nunca me ha gustado). En las grandes ciudades, como en Madrid, es fácil camuflarse entre la gente, ser anónimo, o casi anónimo como en este relato que escribí en San Vicente:

¿CONOCIDOS?

Todas las mañanas antes de llegar a la zona de la estación me cruzo con una joven morena de pelo largo y caminar decidido.

El jueves de la semana pasada iba muy arreglada con el pelo recogido en un moño y un vestido corto que llamaba la atención entre la uniformidad gris de los peatones que caminamos deprisa empujados por la hora de entrar al trabajo. Al cruzarnos dejó escapar una mirada divertida de «fíjate qué guapa estoy». Ambos esbozamos una sonrisa.

Desde entonces hacemos como si no nos viéramos. Hoy llevaba una chaqueta color hueso y los zapatos a juego.

A la salida de clase solemos ir a tomar una cervecita, aunque sea sin alcohol. Y sí, seguimos hablando de literatura pero preferimos charlar sobre cine o exposiciones o de cualquier cosa que no sean enfermedades ni niveles de colesterol. Podría decir que es una actividad complementaria, como alguna comida en un choco donostiarra con Eduardo de cocinero y el trapo de cocina prendido del cinturón.

¿Qué es más importante?, ¿qué es más divertido? ¿Los relatos cortos se han convertido sólo en una excusa? Ambas actividades son necesarias y la vida se nutre de las dos.

Hasta aquí he llegado, pero además de un jubilado de palabra, como todos los jubilados, estoy pensando que soy cuentista y ¿Cuántas veces, los relatos nos han llevado a mundos imaginarios donde no todo es verdad?

Ficción y realidad no son lo mismo, aunque la primera trate de imitar a la segunda e incluso hacerla comprensible. Pero la ficción es modificable y no solo cambiando las comas de sitio, sino que puede tacharse un *uno* y escribir encima un *dos* ¿Soy cuentista o jubilado de palabra? Me da demasiada pena dejar el siguiente en el tintero. Además, el anterior era cortito. Dije cuarenta y uno y puedo rectificar a cuarenta y dos.

Este último, trata de…, mejor es leerlo:

EL PIANISTA EN SU REFUGIO

Tras la exitosa gira, el pianista ha vuelto a casa para alejarse de la farándula y los flases.

Está sentando en el banco del pequeño jardín privado de su madre —con la que sigue viviendo— disfrutando de los aromas del otoño. Escucha el tañer de una campana, la algarabía de los niños saliendo al recreo, unos pájaros cantando, ruidos de pasos por la acera cercana… cada uno sigue su cadencia y todo se mezcla para crear música: la música de la vida. A él no le dejan interpretarla;

le aconsejan —le obligan a— interpretar jazz con toques de soul, rock y espiritual mezclando solo ritmos convencionales. «Eso es ciertamente la vida», le dan la razón, para luego quitársela: «pero el público no lo entendería, ellos piden compases sencillos y digeribles. El truco está en darles lo que quieren».

La agradable brisa que nota en la cara agita las hojas de los árboles y produce un murmullo: un coro lejano «¿De qué color será la brisa?», se pregunta.

Sabe que él es diferente. Su madre le explicó que otros veían formas y colores, y que la vida iba a ser difícil para él, que su padre no lo superó y los dejó creyendo que huía.

Recuerda una conversación, miles de conversaciones cuando comenzaba a sentir que la música le hacía sumergirse en mundos que los demás no eran capaces de intuir:

—¿Mamá, qué es el rojo?

—Es algo chillón como cuando golpeas las teclas agudas del piano.

—¿Y el negro?

—El negro es un ruido amorfo que lo llena todo, casi una pared con la que te chocas.

—¿Hay algo contrario al negro?

—El blanco.

—Y cuando no hay rojo, ¿qué colores hay?

—Todos, infinitos, incontables tonos, brillos y matices como en la música —contestaba paciente su madre.

Entonces le hubiera gustado ver, percibir esa sinfonía que no se oye. Todavía lo anhela y se pregunta qué color tendrán las pausas dramáticas que él domina como nadie. El tiempo de silencio en que la gente espera, embargada por la emoción de lo que acaba de oír, a que arranque la nueva melodía y él, el pianista, alarga el tiempo vacío dejando que todas las notas y todas las posibilidades fluyan en libertad por su mente (acariciándole con frescura, como el arroyo donde de niño metía los pies en los días calurosos), para dejar, en el instante exacto, que sus manos rompan el hueco de silencio improvisando algo no escrito ni imaginado, continuista o rompedor, intimista o elegante, que logre fundirle con la música y el público.

Y justo en ese pensamiento, sentado en su banco, rodeado de conocidos olores otoñales, sin que nadie se lo diga, descubre que el silencio es blanco.

¿Qué el número ya no es primo? ¿Qué es múltiplo de dos, de tres, de cuatro, de…? ¿Qué total con dos más llegamos al cuarenta y cuatro que es capicúa? Como buen jubilado, sé que son solo tentaciones del diablo.

¡No!, no puedo abrir la puerta para poner otro y enviciarme con los relatos porque encontraría alguna razón para no acabar en el cuarenta y cuatro.

Al recontarlos para hacer el índice veo que han sido cuarenta y tres. Así es la vida del jubilado: se necesita tomar muchas decisiones algo lasas: ¡Que se queden los cuarenta y tres!

Como escribí al principio, disfruto escribiendo y reconozco que mi amigo tenía razón cuando dijo que después de la jubilación la vida nunca volverá a ser como había imaginado.

ÍNDICE